e Familie Mann

ro
ro
ro

rowohlts monographien
begründet von Kurt Kusenberg
herausgegeben von Wolfgang Müller
und Uwe Naumann

Die Familie Mann

Dargestellt von Hans Wißkirchen

Rowohlt Taschenbuch Verlag

Umschlagvorderseite: Thomas Manns 50. Geburtstag, 6. Juni 1925:
ganz vorn Katia Mann, dahinter (v. l. n. r.): Thomas Mann, Golo,
Erika, Monika, Heinrich Mann, Klaus
Umschlagrückseite: Das Buddenbrookhaus in Lübeck
nach einem Stich von Leopold Thieme
13. Oktober 1940: Thomas Mann begrüßt seinen Bruder Heinrich
bei dessen Ankunft in New York

Seite 3: Julia Mann mit ihren Kindern Julia, Heinrich und Thomas
(v. l. n. r.), um 1879
Seite 6: Heinrich und Thomas Mann, um 1900

4. Auflage Januar 2002

Originalausgabe
Veröffentlicht im Rowohlt Taschenbuch Verlag GmbH,
Reinbek bei Hamburg, Mai 1999
Copyright © 1999 by Rowohlt Taschenbuch Verlag GmbH,
Reinbek bei Hamburg
Alle Rechte an dieser Ausgabe vorbehalten
Umschlaggestaltung Ivar Bläsi
Redaktionsassistenz Katrin Finkemeier
Zeittafeln und Bibliographie Elke Steinwand
Reihentypographie Daniel Sauthoff
Herstellung Gabriele Boekholt
Satz PE *Proforma und* Foundry Sans *PostScript, QuarkXPress 3.32*
Gesamtherstellung Clausen & Bosse, Leck
Printed in Germany
ISBN 3 499 50630 0

INHALT

Zur Einführung	7	
Die Vorfahren und die Jahre in Lübeck	10	1600–1894
Die Vorkriegsjahre in München	26	1894–1914
Der Erste Weltkrieg und die Weimarer Republik	51	1914–1933
Das Exil	79	1933–1945
Die ersten Nachkriegsjahre	115	1945–1955
Bis in die Gegenwart	134	1955–1999
Anmerkungen	153	
Zeittafeln	158	
Zeugnisse	174	
Bibliographie	177	
Namenregister	185	
Über den Autor	188	
Danksagung	188	
Quellennachweis der Abbildungen	189	
Stammbaum der Familie Mann	190	

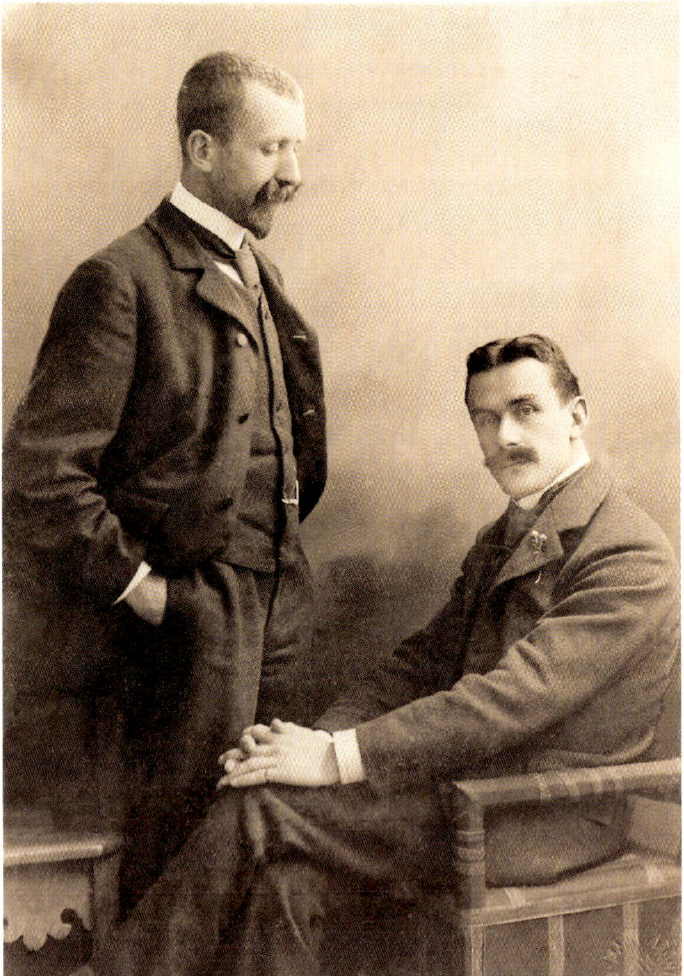

Zur Einführung

Ich glaubte ... ich glaubte ... es käme nichts mehr ... – mit diesen Worten des kleinen Hanno endet das siebte Kapitel von Thomas Manns Erstlingsroman *Buddenbrooks*. Der letzte der Buddenbrooks antwortet damit auf die heftigen Vorwürfe seines Vaters. Was war geschehen? In den Familienpapieren hatte der Junge mit dem Lineal *einen schönen, sauberen Doppelstrich* (GW I, 523) unter seinen Geburtseintrag gezogen und damit die Familiengeschichte beendet. Was für die *Buddenbrooks* stimmte, wurde im Leben auf das glänzendste widerlegt. Auf den Roman vom *Verfall einer Familie* – so der Untertitel – folgte in der Realität der Aufstieg der Familie Mann. Ihre Geschichte ist zu einer grandiosen Erfolgsstory in unserem Jahrhundert geworden, und ein Ende ist noch nicht abzusehen.

Natürlich wird immer wieder nach den Gründen gefragt. Eine «amazing family» hat ein englischer Journalist die Manns in den späten dreißiger Jahren genannt. Schon damals war eine Wahrnehmung vorherrschend, die heute immer mehr zur Gewißheit wird: In dieser Familie gehen die private Geschichte und die große Geschichte des 20. Jahrhunderts eine ganz besondere Verbindung ein.

Und dann kommt hinzu: Nirgendwo sonst finden sich in einer Familie des 20. Jahrhunderts so viele geniale und talentierte Männer und Frauen, die ihre Zeit mit den unterschiedlichsten künstlerischen Temperamenten in Worte gefaßt und teilweise mitgestaltet haben. Die Brüder Thomas und Heinrich Mann stehen am Anfang dieser literarischen Traditionslinie. Klaus, Erika und Golo Mann, Thomas Manns Kinder, haben sie bis in die unmittelbare Gegenwart fortgesetzt. Nicht zuletzt ist zu reden von den Frauen, unter denen Katia, die Ehefrau Thomas Manns, herausragt.

Eine Familiengeschichte muß immer gewichten. Bei der Familie Mann hat man es leicht, da die Nachwelt ihr Urteil in aller Eindeutigkeit gesprochen hat. Als der größte Schriftsteller dieser Familie und für viele auch der deutschen Literatur des 20. Jahrhunderts gilt Thomas Mann. Das hat auch die Familie geprägt. Er ist aus diesem Grund die Leitfigur der folgenden Familiengeschichte.

Beiseite gelassen werden mußten viele Einzelheiten. Wer bei dieser Familie alles erzählen will, hätte eine unendliche Geschichte zu schreiben. Im Mittelpunkt stehen exemplarische Ereignisse. Wer an Einzelfragen interessiert ist, der sei auf die großen Biographien verwiesen, die inzwischen für eine Vielzahl von Familienmitgliedern vorliegen.[1] Auf den folgenden Seiten soll etwas Übergreifendes dargestellt werden – der Zusammenklang; das Beziehungsgeflecht, in dem die einzelnen Mitglieder untereinander standen.

Mancher ist der Meinung: Die Familie Mann gehört nicht mehr den Germanisten allein. Ihre Geschichte greift über die der Literatur hinaus. Das ist sicher richtig und läßt sich durch Tatsachen belegen. Erika Mann war schon 1965 hocherfreut, daß anläßlich des zehnten Todestages ihres Vaters ein Kritiker die Manns mit der damals berühmten Familie Hesselbach, den Stars einer hessischen Fernsehserie, verglich. Das war freilich nur der Anfang! Und ganz sicher hätte Erika Mann an dem, was in den vergangenen Jahren an Enthüllungsjournalismus über die Manns gedruckt und gesendet worden ist, nicht mehr so ungeteilte Freude gehabt.

Dabei hatte schon Klaus Mann vorausgeahnt, was geschehen würde, als er in seinem Tagebuch schrieb: *Was für eine sonderbare Familie sind wir! Man wird später Bücher über uns – nicht nur über einzelne von uns – schreiben.*[2]

Wer immer über die Familie Mann schreiben will, muß von drei verschiedenen Bereichen ausgehen, die nicht säuberlich voneinander zu trennen sind, sondern sich immer wieder mischen und verschränken: dem literarischen, dem politischen und dem persönlichen.

Natürlich steht die Literatur am Anfang. Romane wie Thomas Manns *Buddenbrooks*, *Der Zauberberg* und *Doktor Faustus*, Heinrich Manns *Professor Unrat* und *Der Untertan* sowie Klaus

Manns *Mephisto* und Golo Manns Geschichtsroman *Wallenstein* – um nur die wichtigsten zu nennen – gehören zu den bleibenden literarischen Leistungen des 20. Jahrhunderts. Sie bilden das Fundament für die überragende Bedeutung der Familie Mann.

Sodann muß man sich vor Augen halten, welche historische Spanne die engere Familiengeschichte umfaßt. Sie reicht vom Kaiserreich, dem Ersten Weltkrieg, der deutschen Revolution von 1918/19 über die Weimarer Republik und das Dritte Reich Adolf Hitlers, den Zweiten Weltkrieg und die Zeit des Kalten Krieges bis in die Gegenwart, zur deutschen Wiedervereinigung. Am Beginn dieser Zeitspanne fährt Thomas Mann als kleiner Junge mit der Kutsche nach Travemünde, damals eine halbe Tagesreise, und sein Sohn Golo Mann hat die deutsche Wiedervereinigung noch kommentierend erlebt. Dazwischen liegt ziemlich genau ein Jahrhundert deutscher Geschichte, das die Manns begleitet haben.

Und da sind schließlich, als notwendige Ergänzung der literarischen Produktivität und der historischen Zeitgenossenschaft, die privaten Dinge des Lebens. Es finden sich viele Formen der Liebe, und es gibt Drogen und den Hang zum Tode. Es gibt brüderliche Entzweiung und Versöhnung. Auch das gehört zur Familie Mann, und es wird auf den folgenden Seiten erwähnt. Freilich gehört es nicht ins Zentrum – dort steht die Literatur. Und in diesem Sinne soll begonnen werden.

Die Vorfahren und die Jahre in Lübeck (1600–1894)

*W*er *bin ich, woher komme ich, daß ich bin, wie ich bin, und mich anders nicht machen noch wünschen kann?* (GW XII, 115) Es ist Thomas Mann, der dies in den *Betrachtungen eines Unpolitischen* fragt, jener 1918 erschienenen großen Bekenntnisschrift, die unter anderem eine Suche nach dem geistigen Herkommen ist. Seine erste Antwort lautet: *Ich bin Städter, Bürger, ein Kind und Urenkelkind deutsch-bürgerlicher Kultur. Das mütterlich-exotische Blut mochte als Ferment, mochte entfremdend und abwandelnd wirken, das Wesen, die Grundlagen veränderte es nicht, die seelischen Hauptüberlieferungen setzte es nicht außer Kraft. Waren meine Ahnen nicht Nürnberger Handwerker von jenem Schlage, den Deutschland in alle Welt und bis in den fernen Osten entsandte, zum Zeichen, es sei das Land der Städte? Sie saßen als Ratsherren im Mecklenburgischen, sie kamen nach Lübeck, sie waren «Kaufleute des römischen Reiches».* (GW XII, 115)

Die Geschichte der Familie Mann läßt sich bis ins 16. Jahrhundert zurückverfolgen. Und tatsächlich sind im *Meisterbuch 1534–1571* des Nürnberger Stadtarchivs acht Familien mit dem Namen Mann aufgeführt. Auch in Mecklenburg kann man schon im Spätmittelalter den Namen Mann nachweisen. Eine direkte Linie zwischen dieser und der Nürnberger Linie ist allerdings nicht zweifelsfrei zu belegen. Die eindeutig nachweisbare Linie der Vorfahren beginnt mit dem in Parchim ansässigen, 1611 geborenen Kaufmann Johann Mourer Mann. Seine zwei Söhne heiraten im mecklenburgischen Grabow, wo der ältere von ihnen 1694 zum Bürgermeister gewählt wurde. Der Sohn des jüngsten Bruders, Siegmund Mann, zog 1713 nach Rostock. Einer seiner Söhne, Joachim Siegmund, erlernte den Beruf des Brauers und Kaufmanns. Dessen einziger Sohn Johann Siegmund kam 1775 als Kaufmannslehrling nach Lübeck und gründete dort 1790 die Firma «Johann Siegmund

Mann, Commissions- und Speditionsgeschäft». Sein Sohn, Johann Siegmund Mann jun. – der Großvater Heinrich und Thomas Manns – heiratete 1837 als zweite Frau Elisabeth Marty, die Tochter eines wohlhabenden, aus der Schweiz stammenden Kaufmanns, der ein aktives Mitglied der angesehenen reformierten Gemeinde in Lübeck war, und die Familie kam somit erstmals mit dem Süden in Kontakt.

Wir sind damit bei den Eltern von Heinrich und Thomas Mann angelangt. Der Vater, Thomas Johann Heinrich Mann, 1840 geboren, übernahm die Firma 1862. Im Jahre 1877 wird er zum Senator für Wirtschaft und Finanzen des Stadtstaates Lübeck gewählt. Er war damit nach dem Bürgermeister der wichtigste Politiker und dem Range nach Minister eines deutschen Bundesstaates. Denn Lübeck war, und das ist für Heinrich und Thomas Mann eine für das Leben prägende Erfahrung gewesen, bis 1937 ein eigenständiger Staat, eine kleine res publica mit allen dafür notwendigen Institutionen.

Der Vater war für beide Brüder eine dominante Figur, gerade weil sie sich so ganz anders entwickelten, weil sie seinem Wunsche, die Firma weiterzuführen, nicht entsprachen. *Wie oft im Leben habe ich mit Lächeln festgestellt, mich geradezu dabei ertappt, daß doch eigentlich die Persönlichkeit meines verstorbenen Vaters es sei, die als geheimes Vorbild mein Tun und Lassen bestimme.* (GW XI, 386) So Thomas Mann in seiner berühmten Rede *Lübeck als geistige Lebensform*. Und auch Heinrich Mann spiegelt das eigene Arbeitsethos, das den Zeitgenossen immer wieder aufgefallen ist, in der Person des Vaters, wenn er in seiner großen Autobiographie *Ein Zeitalter wird besichtigt* dessen Arbeit als die geheime Folie des eigenen Tuns schildert: *Unser Vater arbeitete mit derselben Gewissenhaftigkeit für sein Haus wie für das öffentliche Wohl. Weder das eine noch das andere würde er dem Ungefähr überlassen haben. Wer erhält und fortsetzt, hat nichts anderes so sehr zu fürchten wie das Ungefähr. Um aber erst zu gestalten, was dauern soll, muß einer pünktlich und genau sein. Es gibt kein Genie außerhalb der Geschäftsstunden.*[3]

In diese norddeutsche Kaufmannswelt, die sich seit dem Mittelalter langsam und stetig herausgebildet hatte und ge-

Senator Thomas Mann und seine Frau Julia

genüber dem restlichen wilhelminischen Deutschland immer noch eine stark konservativ-traditionelle Ausprägung besaß, kam nun die Mutter, kam Julia Bruhns, als etwas ganz Exklusives und Besonderes. In ihrer Lebensgeschichte finden sich der Norden und der Süden auf zugespitzte Weise gemischt. Ihr

Vater, der Lübecker Weinhandelskaufmann Johann Ludwig Bruhns, brach mit 19 Jahren nach Brasilien auf und gründete 1841 in São Paulo eine Exportfirma für Kaffee und Zucker, die sich rasch und glänzend entwickelte. 1848 heiratete er Maria da Silva, die innerhalb von sieben Jahren sechs Kinder zur Welt brachte. 1851 schließlich wurde Julia geboren. Nach dem Tod der Mutter im Jahre 1856 siedelte der Witwer mit seinen Kindern nach Lübeck um. Er fühlte sich freilich in der protestantischen Enge des Nordens nicht mehr wohl und kehrte schon bald zurück in den Süden, nach Brasilien. Julia Mann blieb mit ihrer Schwester in einer Pension in Lübeck zurück. 1869 heiratete sie Thomas Johann Heinrich Mann.

Der Kulturschock, den Julia Mann erlebte, als sie im Alter von sieben Jahren von Brasilien nach Lübeck verpflanzt wurde, muß immens gewesen sein. Den ersten Schnee hielt sie für Zucker, und ihre Ankunft in Lübeck hat sie in einem autobiographischen Bericht festgehalten: *Da die mitgebrachten, drüben getragenen seidnen Kleidchen […] ihnen bald zu klein sein würden, auch für die neuen Verhältnisse nicht paßten, wurden ihnen in Hamburg gelbe Nanking-Kleider gekauft. Mit diesen und den großen, von Rio mitgebrachten weißen Panama-Hüten über den dunklen Gesichtern, fielen sie, in Begleitung ihrer Negerin, in der kleinen Stadt – ihr neues Domizil, in welches sie daraufhren – sehr auf. So mußten sie sich gefallen lassen, daß ihnen auf den Straßen ganze Züge von johlenden Kindern nachliefen, bis Anna, um sie wenigstens eine Weile loszuwerden, Kuchen und Bonbons kaufte, das auf die Straße warf, wo es von den Straßenkindern aufgesammelt wurde.*[4]

Die spätere Wirkung der Mutter auf die Kinder und ihre Rolle bei der Erziehung beschreibt Thomas Mann folgendermaßen: *Ihre sinnlich-praeartistische Natur äußerte sich in Musikalität, geschmackvollem, bürgerlich ausgebildetem Klavierspiel und einer feinen Gesangskunst, der ich meine gute Kenntnis des deutschen Liedes verdanke. Sie war ja in sehr zartem Alter nach Lübeck verpflanzt worden und verhielt sich, solange sie den großen Hausstand leitete, durchaus als angepaßtes Kind der Stadt und ihrer oberen Gesellschaft. Aber Unterströmungen von Neigungen zum «Süden», zur Kunst, ja zur Bohème waren offenbar immer vorhanden gewesen und schlugen nach dem Tode ihres Mannes und der Aenderung der Verhältnisse durch, was die prompte Übersiedlung nach München erklärt.*[5]

Julia Mann brachte fünf Kinder zur Welt. Die Söhne Heinrich und Thomas waren die ersten. Luiz Heinrich Mann wurde am 27. März 1871 geboren. Am 6. Juni 1875 kam Paul Thomas Mann auf die Welt.

Die Brüder Mann hatten eine glückliche und wohlbehütete Kindheit. Die Familie besaß ein großes und repräsentatives Haus in der Beckergrube 52, und dann gab es noch das Stammhaus der Familie in der Mengstraße 4. Hier wohnte die Großmutter, hier spielten die Brüder als Jungen sehr oft, und hier fanden vor allem die Weihnachtsfeiern für die ganze Familie statt. Das Haus ist inzwischen als «Buddenbrookhaus» weltberühmt und birgt das Heinrich-und-Thomas-Mann-Zentrum mit einer Dauerausstellung zu Leben und Werk von Heinrich und Thomas Mann. Alle anderen Häuser, in denen die Manns gewohnt haben, also auch das Geburtshaus Thomas Manns, sind im Krieg zerstört worden.

Bei der glücklichen Kindheit gilt es, eine Einschränkung zu machen. Bei Thomas Mann lautet die Formel: Er hätte eine glückliche Kindheit

Lübeck, Beckergrube 52: Wohnsitz der Familie Senator Mann 1883–1892; im Zweiten Weltkrieg zerstört

Lübeck, Mengstr. 4: das «Buddenbrookhaus».
Foto aus der Zeit um 1992

gehabt, wäre da nicht die Schule gewesen: *Ich habe eine dunkle und schimpfliche Vergangenheit, so daß es mir außerordentlich peinlich ist, vor Ihrem Publikum davon zu sprechen. Erstens bin ich ein verkommener Gymnasiast. Nicht daß ich durchs Abiturientenexamen gefallen wäre, – es wäre Aufschneiderei, wollte ich das behaupten. Sondern ich bin überhaupt nicht bis Prima gelangt; ich war schon in Sekunda so alt wie der Westerwald. Faul, verstockt und voll liederlichen Hohns über das Ganze, verhaßt bei den Lehrern der altehrwürdigen Anstalt, ausgezeichneten Männern, [...] so saß ich die Jahre ab, bis man mir den Berechtigungsschein zum einjährigen Militärdienst ausstellte.* (GW XI, 329 f.)

Ohne Umschweife gesagt: Thomas Mann war ein schlechter, ein sehr schlechter Schüler, der mit 18 Jahren gerade die mittlere Reife schaffte. Er spricht aber auch von einer *schwer bestimmbaren Überlegenheit* (GW XI, 330), die ihn, trotz der schlechten Leistungen, den Mitschülern gegenüber doch als etwas Besonderes erscheinen ließ. Wir wissen wenig über die Schulzeit Thomas Manns, aber es steht zu vermuten, daß er damit seine beginnenden literarischen Neigungen meinte. Schon früh nämlich hatte sich Thomas Mann auf das Schreiben verlegt. Ausgangspunkt war sein träumerischer Spieltrieb. Er war sicher nicht der «normale» Sohn eines Senators, der das Katharineum, das angesehenste Gymnasium der Stadt besuchte, um später die Firma zu übernehmen. Was er liebte, waren keineswegs die praktischen Angelegenheiten des Lebens, etwa das Auswendiglernen der Namen der firmeneigenen Kornspeicher, sondern ganz andere Betätigungen.

Zwei Dinge sind es, die er später immer wieder als Refugien hervorhebt, als geschützte Räume und Zeiten, die das Glück seiner Jugend ausmachten. Einer dieser Räume war das Meer in Travemünde, wo jedes Jahr die Sommerferien verbracht wurden. Noch 1926, fast vierzig Jahre nach den Ferien der Kinderzeit, ist die Bewegtheit zu spüren, wenn er seinen Mitbürgern in der Rede *Lübeck als geistige Lebensform* über diese Zeit berichtet: *Da ist das Meer, die Ostsee, deren der Knabe zuerst in Travemünde ansichtig wurde, dem Travemünde von vor vierzig Jahren mit dem biedermeierlichen alten Kurhaus, den Schweizerhäu-*

sern und dem Musiktempel, in dem der langhaarig-zigeunerhafte kleine Kapellmeister Heß mit seiner Mannschaft konzertierte und auf dessen Stufen, im sommerlichen Duft des Buchsbaums, ich kauerte – Musik, die erste Orchestermusik, wie immer sie nun beschaffen sein mochte, unersättlich in meine Seele ziehend. An diesem Ort, in Travemünde, dem Ferienparadies, wo ich die unzweifelhaft glücklichsten Tage meines Lebens verbracht habe, Tage und Wochen, deren tiefe Befriedung und Wunschlosigkeit durch nichts Späteres in meinem Leben, das ich doch heute nicht arm nennen kann, zu übertreffen und in Vergessenheit zu bringen war [...]. (GW XI, 388)

Travemünde war Lübeck – aber zugleich etwas anderes: Flucht vor den Zwängen des Schulalltags, den Pflichten als Senatorensohn. Hier an der Ostsee konnte sich schon der junge Thomas Mann seinen Gedanken und Träumen hingeben. Das Meer als ein Raum, der ein freies und zwangloses Assoziieren ermöglicht, blieb von da an ein Thema in der Kunst Thomas Manns.

Das zweite Refugium der Kindertage war das eigene Zimmer im Haus in der Beckergrube, das ein Fenster zum Garten hatte, mit Sicht auf Springbrunnen und Walnußbaum – Dinge, die im frühen Werk Thomas Manns immer wieder als Symbole zu finden sind, die den verstörten und traurigen Helden Halt und Ruhe gewähren. Hier wird auch ein enger Bezug zu Heinrich deutlich. In einem autobiographischen Text aus dem Jahre 1920 berichtet Thomas Mann über die gemeinsamen Kinderspiele mit dem Bruder: *Bei alldem ist wohl kein Zweifel, daß ich meine schönsten Stunden unserem Puppentheater verdankte, das schon meinem älteren Bruder Heinrich gehört hatte und dessen Dekorationen durch ihn, der gern Maler geworden wäre, um viele, sehr schöne selbstgemalte vermehrt worden waren. [...] Ich liebte dies Spiel so sehr, daß mir der Gedanke, ihm jemals entwachsen zu können, unmöglich schien. Ich freute mich darauf, wenn ich die Stimme gewechselt haben würde, meinen Baß in den Dienst der sonderbaren Musikdramen zu stellen, die ich bei verschlossenen Türen zur Aufführung brachte, und war empört, wenn mein Bruder mir vorhielt, wie lächerlich es sein würde, wenn ich als baßsingender Mann noch vorm Puppentheater sitzen wollte.* (GW XI, 328)

Heinrich, Thomas, Carla und Julia Mann, 1885

Die Begeisterung für das Theater, die aus dem extensiven Spielen mit dem Puppentheater spricht, blieb aber nicht nur auf die vier Wände des Kinderzimmers beschränkt. Die frühesten Eindrücke empfing Thomas Mann im Tivoli, einem am Fluß gelegenen Sommertheater. *Man war ein Junge, man durfte das «Tivoli» besuchen. Ein schlecht rasierter, fremdartig artikulierender Mann, in einer ungelüfteten Höhle, die auch am Tage von einer offenen Gasflamme erleuchtet war, verkaufte die Billette, diese fettigen Pappkarten, die ein abenteuerliches Vergnügen verbürgten. Im Saal war Halbdunkel und Gasgeruch. Der ‹eiserne Vorhang›, der langsam stieg, die gemalten Draperien des zweiten Vorhangs, das Guckloch darin, der muschelförmige Souffleurkasten, das dreimalige Klingelzeichen, das alles machte Herzklopfen. Und man saß, man sah.* (GW X, 35 f.) Hier wurde triviale Massenkost geboten, aber es war das Erlebnis Theater, mit allen seinen bohemehaften Nebenwirkungen, das Thomas Mann faszinierte.

Dann gab es natürlich noch das offizielle Stadttheater, wenige Meter oberhalb des Elternhauses in der Beckergrube gelegen. Als er ein wenig älter geworden war, durfte Thomas Mann mit der Mutter dorthin gehen. Sehr früh schon wurde in Lübeck Wagner gespielt, und es steht außer Frage, daß die Wagner-Begeisterung Thomas Manns hier ihr Fundament bekam.

Das alles fand ein jähes Ende, als 1891 der Vater starb. Plötzlich war man nicht mehr der behütete Sohn des einflußreichen Senators, dem auch die schlechten Schulleistungen verziehen wurden. Die Mutter speziell fühlte sich ohne ihren Mann gar nicht mehr wohl in Lübeck. Der Vater hatte im Testament die Liquidation der Firma verfügt. Dies war ein Zeichen dafür, daß er weder Heinrich noch den jüngeren Thomas für fähig und willens hielt, die Firma weiterzuführen. Auch das Haus in der Beckergrube wurde verkauft. Die Firma dagegen hatte 1890 noch mit großem Pomp das einhundertjährige Firmenjubiläum gefeiert, und als der Nachlaßverwalter Krafft Tesdorpf Bilanz gezogen hatte, kam er auf eine Summe in Höhe von 400 000 Mark, ein für die damalige Zeit immer noch sehr beträchtliches Vermögen. *Wir sind nicht reich, aber wohlhabend,* erklärte die Mutter ihren Kindern. Für Thomas Mann wurde dies zu einem prägenden Spruch, den er später gern bei seinen eigenen Kindern wiederholte.

Im Testament des Vaters wird vor allem eines deutlich: Der Senator hatte Angst davor, daß die Wohlanständigkeit einer großbürgerlichen Familie nach seinem Tode zu Ende sein, daß diese Familie sich in eine geradezu unbürgerliche Richtung entwickeln würde. Über die Kinder heißt es dort:

Den Vormündern mache ich die Einwirkung auf eine praktische Erziehung meiner Kinder zur Pflicht. Soweit sie es können, ist den Neigungen meines ältesten Sohnes zu einer s. g. literarischen

Thätigkeit entgegenzutreten. Zu gründlicher, erfolgreicher Thätigkeit in dieser Richtung fehlen ihm m. E. die Vorbedingnisse; genügendes Studium und umfassende Kenntnisse. Der Hintergrund seiner Neigungen ist träumerisches Sichgehenlassen und Rücksichtslosigkeit gegen andere, vielleicht aus Mangel am Nachdenken.

Mein zweiter Sohn ist ruhigen Vorstellungen zugänglich, er hat ein gutes Gemüth und wird sich in einen praktischen Beruf hineinfinden. Von ihm darf ich erwarten, daß er seiner Mutter eine Stütze sein wird.–

Julia, meine älteste Tochter wird strenge zu beobachten sein. Ihr lebhaftes Naturell ist unter Druck zu halten.

Carla ist m. E. weniger schwierig zu nehmen und wird neben Thomas ein ruhiges Element bilden.

Unser kleiner Vicco' – Gott nehme ihn in seinen Schutz. Oft gedeihen Kinder späterer Geburt geistig besonders gut – das Kind hat so gute Augen.

Allen Kindern gegenüber möge meine Frau fest sich zeigen und alle immer in Abhängigkeit halten. Wenn je sie wankend würde, so lese sie König Lear–[6]

Die Schwestern, Julia und Carla, waren beim Tode des Vaters vierzehn und zehn Jahre alt, der Bruder Viktor gar erst ein Jahr. Alle drei zogen mit der Mutter nach München. Thomas blieb in Lübeck, weil er noch bis zur mittleren Reife die Schule besuchen mußte. Er brauchte für die Untersekunda zwei Jahre und verließ daher Lübeck erst 1894 in Richtung München. Über die knapp zwei Jahre, die er, bei verschiedenen Lehrern in Pension, allein in Lübeck verbrachte, wissen wir nicht allzuviel. Verbürgt ist, daß Thomas Mann zusammen mit einigen Klassenkameraden eine Zeitschrift herausgab, die sie «Frühlingssturm» nannten.

Die überlieferten Exemplare zeigen, daß Thomas Mann durchaus nicht als reifer und meisterlicher Schriftsteller debütierte – und daß er gerade gegenüber der Heimatstadt eine stark kritische Haltung einnahm.

Unser würdiges Lübeck ist eine gute Stadt. Oh, eine ganz vorzügliche Stadt! Doch will es mich oftmals bedünken, als gliche sie jenem Grasplatz, bedeckt mit Staub, und bedürfe des Frühlingssturms,

Julia Mann mit ihrem jüngsten Sohn Viktor

der kraftvoll das Leben herauswühlt aus der erstickenden Hülle. Denn das Leben ist da! Gewiß, das merkt man an einzelnen grünen Halmen, die sich frisch aus der Staubschicht erheben, voll Jugendkraft und Kampfesmut, voll vorurteilsfreien Anschauungen und strahlenden Idealen!

Frühlingssturm! Ja, wie der Frühlingssturm in die verstaubte Natur, so wollen wir hineinfahren mit Worten und Gedanken in die Fülle von Gehirnverstaubtheit und Ignoranz und borniertem, aufgeblasenen Philistertums, die sich uns entgegenstellt. Das will unser Blatt, das will «Der Frühlingssturm»! (GW XI, 545)

Der Text gibt einen guten Einblick in das Lebensgefühl des jungen Thomas Mann. Es war vom Protest gegen die bürgerliche Welt in Lübeck, die altehrwürdigen Traditionen der Hansestadt geprägt. Man traf sich mit Klassenkameraden in den Kneipen, man führte, soweit dies als Schüler in dieser Stadt um 1890 möglich war, ein bohemehaftes Leben. Das Schreiben war ein notwendiges Mittel, um mit der engen und provinziellen Umwelt fertig zu werden. Schon 1893 bildete sich dabei ein Stilmittel heraus, das für die Kunst Thomas Manns prägend werden sollte: die Ironie. Er rezensierte das Boulevardstück «Das Sonntagskind» von Karl Millöcker: *Nach den schweren Kunstgenüssen, die uns das Stadttheater im vergangenen Winter brachte, wirken die kleinen Tivoli- und Wilhelmtheater-Amüsements etwa wie ein Glas Selters nach einem großen Diner. – [...] Wenn schon Blödsinn – dann schon gehörig. Das ist ein unbestreitbar richtiges Prinzip. Daher geh' ich auch nicht gern zur Schule. Das ist halber Kram.* (GW XIII, 245)

Den *halben Kram* gab Thomas Mann dann auch auf. Ausgestattet mit einer monatlichen Rente aus dem Vermögen des Vaters, die ein zwar bescheidenes, aber sorgenfreies Auskommen gewährte, siedelte er – der Mutter und den Schwestern sowie dem kleinen Bruder Viktor folgend – 1894 ebenfalls nach München über.

Heinrich Mann war um diese Zeit schon eigene Wege gegangen. Er hatte die Heimatstadt bereits 1889 verlassen. Aus jugendlichem Trotz hatte er der Schule ein Jahr vor dem Abitur den Rücken gekehrt und war in eine Buchhandelslehre nach Dresden gewechselt.

Die Buchhandelslehre enttäuschte den jungen Senatorensohn. Mit Büchern hatte das alles viel weniger zu tun, als er gedacht hatte. Es kam zu Problemen mit dem Lehrherrn, die für das Lübeck-Thema von Interesse sind, weil ihn diese Stadt und seine Herkunft hier ein letztes Mal ganz direkt und handfest tangierten, nämlich in der Person des Vaters, der kurz vor seinem Tod im Jahre 1891 nach Dresden gereist kam. In dem Briefwechsel zwischen Vater und Sohn, der in dieser Zeit geführt wurde, zeigt sich, daß Tradition und Herkunft auch für Heinrich Mann bindender gewesen sind, als man gemeinhin annimmt. Vor dieser Reise nach Dresden schreibt der Vater: *Nur Eines melde ich Dir schon gleich: Mein Sohn verläßt weder wie ein Flüchtiger noch wie ein Hinausgeworfener ein ehrenhaftes Haus.*[7]

Die Familientradition galt es zu wahren, und Heinrich Mann hat dies, bei aller Kritik an dieser Tradition, auch akzeptiert. Er hat mit dem Vater gesprochen und die Lehre dann auch beendet. *Lübeck als geistige Lebensform*, so heißt die berühmte Rede Thomas Manns – doch daß die prägende Kraft der Vaterstadt, wenn auch auf eine andere Art und Weise, ebenso für Heinrich Mann galt, sollte man nicht außer acht lassen. Das Hanseatisch-Patrizische, das Bewußtsein, aus einer besonderen Stadt zu kommen, eine großbürgerliche Herkunft zu haben, verließ auch ihn nie, der immer vorschnell als Bohemien und linksbürgerlicher Autor gesehen wird.

Das ist später oft bemerkt worden. So schildert etwa Marta Feuchtwanger Heinrich Mann in den Münchener Jahren während des Ersten Weltkriegs mit den folgenden Worten: *Heinrich Mann war unnahbar, bescheiden, der letzte große Herr und der erste große Liberale, den ich getroffen habe. Er hatte die feierliche Redeweise des Patriziersohnes aus der Hansestadt. Ich glaube, wenn wir ihn nicht so bewundert hätten, wäre er uns wohl manchmal komisch vorgekommen.*[8] Diese aus der Herkunft resultierende Mischung aus Ernst und Komik, Solidität und Künstlertum zieht sich mit Abstufungen und Graduierungen durch die ganze Familiengeschichte.

Heinrich war ohne Frage der schärfere Beobachter und Kritiker der Lebensumstände in Lübeck. Dies wird deutlich, wenn man seine frühen Texte mit denen aus Thomas Manns «Frühlingssturm» vergleicht. *Fantasieen über meine Vaterstadt L.*, der letzte in Lübeck geschriebene Artikel Heinrich Manns, beginnt folgendermaßen:

Halten Sie sich nicht das Näschen zu, mein Fräulein, wenn Sie, zum ersten Male die Straßen meiner geliebten Vaterstadt durchschreitend, durch den in einigen derselben herrschenden, Fremde mehr oder weniger beleidigenden Unwohlgeruch unangenehm berührt werden sollten. Das ist nämlich kein gewöhnlicher Gestank, das ist ein Gestank, wie ihn nicht jede Stadt besitzt, das ist ein Millionengestank.

Sie schauen mich mit Ihren schönen Augen fragend an? Oh, mein Fräulein, ich muß suchen, Ihnen verständlich zu werden. Wenn ein Mensch nach Petroleum oder Leder duftet, so werden Sie sicher neben andern, weniger liebenswürdigen Gedanken auch den haben, dieser Mensch handle mit Petroleum oder Leder.

Wenn dieser Mensch stark nach den erwähnten Handelsarti-

keln duftet, werden Sie die gewiß nicht unbegründete Vermutung aufstellen, er mache gute Geschäfte; wenn er nun aber sehr stark, sehr eindringlich jene merkantilen Gerüche ausströmt, – werden Sie nicht unwillkürlich zu der Annahme gelangen, dieser Mensch müsse sehr, ja außerordentlich reich sein, vielleicht Millionär – – mein Fräulein, Sie verstehen jetzt den Ausdruck «Millionengestank». Mit einer Stadt liegen die Sachen natürlich gerade so wie mit dem einzelnen Manne, – und, ich kann es zur Ehre meiner Vaterstadt sagen – dieselbe riecht wahrhaft wohlhabend, stinkt sozusagen behäbig.[9]

Für Heinrich Mann ist Lübeck die Stadt der Kaufleute, die sich über das Geld definieren. Dies und die damit verbundene Lebensform lehnt er ab. In einem frühen Gedicht kommt diese Kritik sehr schön zum Ausdruck. Es trägt den ironisch zu verstehenden Titel *Im Wohltätigkeitsbazaar* und ist einer der frühesten erhaltenen Texte Heinrich Manns, der um die Jahreswende 1885/86 datiert. Es gilt also zu bedenken, daß es sich um die Jugendlyrik eines Vierzehnjährigen handelt, die weniger ästhetischen als biographischen Wert hat.

Lübeck: der alte Bahnhof, die Marienkirche und das Holstentor

> *Weg mit jeder Etiquette!*
> *Um die Speisen welches Reißen,*
> *Welches Kauen, Schmatzen, Beißen,*
> *Welches Drängen am Büffette,*
>
> *Wo die Honoratioren-*
> *Damen Kellnerinnen gleichen*
> *Und uns eifrig Speisen reichen –*
> *Selbst die Frau'n der Senatoren.*
>
> *Dies, mein Freund, kannst Du nicht fassen? –*
> *Sieh' es ist ja für die Armen!*
> *Aus mildthätigem Erbarmen*
> *Wird hier Alles zugelassen.*
>
> *Um die Armut zu kurieren,*
> *Würden diese edlen Damen,*
> *Diese sonst so tugendsamen,*
> *Sich vielleicht prostituieren…*[10]

In diesem ganz frühen Text findet sich allerdings noch ein anderes Muster der Kritik, nämlich die Denunzierung der wilhelminischen Sexualmoral als einer Haltung, die auf der gesellschaftlichen Oberfläche die Tugendhaftigkeit propagiert, in der Praxis sich aber gänzlich anders verhält. Hier wird der scharfe analytische Blick Heinrich Manns, der sich schon in der Jugend ausgebildet hat, deutlich – eine Sichtweise, die später seine die wilhelminische Doppelmoral karikierenden Romane *Professor Unrat* und *Der Untertan* entscheidend prägen wird.

Die Vorkriegsjahre in München (1894 – 1914)

Der Tod des Vaters war eine Zäsur im wohlbehüteten Familienleben. In einem ersten Schritt wurde die Familie in alle Winde zerstreut. Heinrich führte ein Wanderleben, nachdem er seine Buchhandelslehre in Dresden beendet hatte. Es schloß sich ein Volontariat im S. Fischer-Verlag in Berlin an, aber einer geregelten Tätigkeit ging er nicht nach. Nicht viel anders war es bei Thomas Mann. Auch als er der Mutter 1894 nach München folgte, ging es ihm nicht darum, im bürgerlichen Leben Fuß zu fassen. Fast will es scheinen, als hätten die Brüder Mann den Schritt in Richtung Fixierung und Bindung ganz bewußt unterlassen, weil sie sich ihre Freiheit aufbewahren wollten für das Eigentliche: das Schreiben. Denn das stand für die Brüder von Beginn an unverrückbar fest – Schriftsteller wollten sie werden. Etwas anderes kam nie in Frage. Das gesamte Bruderverhältnis – mit allen Höhen und Tiefen – erhält daraus seine spezifische Grundierung. Hier zogen zwei junge Männer aus Lübeck aus, einer Kaufmanns- und Handelsstadt, zwei junge Männer, die den Wertmaßstäben der Heimat nach gescheitert waren, deren Familie dort keinerlei Bedeutung mehr hatte. Und diese beiden versuchten nun in einem den Normen ihrer Herkunft ziemlich fernstehenden Bereich Karriere zu machen – jeder auf seine Weise, jeder mit seinem Temperament. Aber trotz aller Unterschiede und allem Streit, den es später im Menschlichen, Weltanschaulichen und Künstlerischen zwischen Thomas und Heinrich Mann gab, gilt: Die gemeinsame Herkunft prägte und war das unverrückbare Element.

In einem Brief Thomas Manns an den Bruder vom 8. Januar 1904, der nach einer der ersten großen Kontroversen geschrieben worden ist, findet sich zum Beispiel die folgende Passage: *Du weißt nicht, wie hoch ich Dich halte, weißt nicht, daß, wenn ich auf dich schimpfe, ich es doch immer nur unter der stillschwei-*

genden Voraussetzung thue, daß neben Dir so leicht nichts Anderes in Betracht kommt. Es ist ein altes Lübecker Senatorsohnsvorurtheil von mir, ein hochmüthiger Hanseateninstinkt, mit dem ich mich, glaub' ich, schon manchmal komisch gemacht habe, daß im Vergleich mit uns eigentlich alles Übrige minderwerthig ist.[11] Aber erst einmal dominierten die Unterschiede. Das zeigte sich schon bei den literarischen Anfängen.

Für Heinrich Mann bestand das Problem darin, daß er seinen Platz im Leben noch nicht gefunden hatte, und die neunziger Jahre stellten ein großes Experimentierfeld in biographischer wie auch in ästhetischer Hinsicht dar. Er reiste viel und hielt sich häufig in Italien auf. In der Rückschau sagt er über diese Zeit: *Meine Bildungsmittel waren französische Bücher, Krankheit, das Leben in Italien, und zwei Frauen.*[12] Dabei ist wichtig, daß Leben und Kunst zusammenhängen. Wo noch keine Welterfahrung vorhanden ist, haben die Werke kein ausreichendes Fundament. Von über zwanzig Erzählungen, die Heinrich Mann damals geschrieben hat, hat er nur eine, nämlich *Das Wunderbare*, in späteren Novellenbänden der Wiederveröffentlichung für wert erachtet. Alle anderen betrachtete er als Fingerübungen.

Dies gilt auch für seinen ersten Roman von 1894, den er im Selbstverlag veröffentlichte. Der Titel *In einer Familie* zeigt, daß er hier auf das direkt Erlebte zurückgriff. Die stoffliche Ähnlichkeit zu Thomas Manns Erstling *Buddenbrooks* ist immer wieder betont worden. Daran ist richtig, daß beide Anfänger sich für ihr erstes großes Erzählwerk an dem Stoff orientierten, der ihnen am greifbarsten vor Augen lag: an der eigenen Familiengeschichte. Daran ist falsch, daß das Wesentliche, die ästhetische Qualität, einen Vergleich der beiden Werke gar nicht zuläßt, weil sie auf zwei vollkommen verschiedenen künstlerischen Rangstufen anzusiedeln sind. Ein Aufrechnen des Stofflichen hingegen ist schlichtweg unzulässig, weil es bei beiden Werken ja nicht um eine korrekte Abschilderung der Familiengeschichte geht, also die banale Frage der biographischen Stimmigkeit, sondern um ein Kunstwerk.

Ich bin bis gegen mein 27. Jahr nur ein latenter Künstler gewe-

sen – so Heinrich Mann in einem kürzlich erstveröffentlichten Dokument.[13] Aus der Rückschau in den zwanziger Jahren schreibt er: *Der Zwanzigjährige kennt sich selbst nicht. Auch später wird er sich nicht kennen, wird aber gelernt haben, in seinem inneren Dunkel Gestalten zu sehen. Später wird ebenso die Welt, wenn nicht ihre eigene Wahrheit, so doch die seine hergeben, er wird sie klären und durchdringen. Wie könnte es der Zwanzigjährige? Die Welt bleibt ihm fremde Gewalt, er ahnt sie kaum erst von fern – der Arme, der sich selbst voll Überraschungen, unfaßbar und noch formlos ist.*[14]

Nun wäre es verfehlt, die neunziger Jahre auszublenden, weil sie den qualitativen Ansprüchen des reifen Heinrich Mann nicht genügten. Die Grundspannung, die damals sein Leben und Schreiben bestimmte, kommt am besten in der

Erinnerungen an Lübeck. Zeichnung Heinrich Manns aus seinem Zyklus «Die ersten zwanzig Jahre», vermutlich im amerikanischen Exil entstanden

schon erwähnten Novelle *Das Wunderbare*, 1897 erschienen, zum Ausdruck.

Der unverkennbar autobiographische Züge tragende Held besucht auf einer Reise den alten Schulfreund Siegmund Rohde in der gemeinsamen Geburtsstadt. Er kommt mit dem festen Urteil, einem vom Pfade des unbedingten Kunstwollens abgewichenen Philister zu begegnen. Ein scheinbar unüberbrückbarer Graben zwischen der Welt der Bürger und der Künstler bestimmt diese Sichtweise. Noch verschärft wird diese Vorstellung durch das extrem negative Licht, in das der Erzähler die Familienverhältnisse Rohdes taucht. Das Familienleben figuriert beim Künstler als die höchstmögliche Abweichung vom Lebensideal der jugendlichen Schwärmer. *Die unablässigen kleinen Sorgen für die Familie, für die Wesen, die er um sich her geschaffen*, werden als unverbindbar mit dem Anspruch auf eine künstlerische Existenz angesehen.[15]

Die Überraschung des Erzählers ist groß, denn er merkt beim ersten Treffen: Hier lebt einer vor, daß man sich den bürgerlichen Pflichten durchaus nicht entziehen muß, um weiter an den ästhetischen Idealen der Jugend teilhaben zu können. Die Lebensform des ohne festen Platz im Leben Umherreisenden erscheint vor diesem Hintergrund ohne Legitimität. In der Novelle ist dies mit dem Terminus *Das Wunderbare* umschrieben. Der Erzähler räsoniert beinahe verzweifelt: *Mir schien es, daß wir andern, mitten in den Bewegungen der Zeit Stehenden, kaum etwas vor ihm voraus hatten, der das Beste, was es dort draußen gab, aufmerksamen Geistes sammelte, um es hier in seinem Winkel fortzupflanzen.*[16]

Das liest sich wie eine Anweisung zum besseren Leben und Schreiben, wie die ideale Verknüpfung von Ideal und Wirklichkeit. *Man muß das Wunderbare nicht zum Alltäglichen machen* – das ist Rohdes Lebensformel.[17]

Im Kern dieser Geschichte formuliert Heinrich Mann die zentrale Frage seines Lebens in jenen Jahren: Wie ist die Integration des Wunderbaren, des Idealen, des Erträumten, eben des «anderen Zustandes», um ein Wort Robert Musils zu zitieren, wie ist dies mit dem empirischen Leben, eben der

Tatsache, daß der Mensch sein Leben reproduzieren, sich in bestimmten sozialen und menschlichen Zusammenhängen bewegen muß, vereinbar?

Der junge Heinrich Mann ist hier unentschieden. Auf der einen Seite steht der Erzähler für den Typus des Dilettanten, des Dekadent in der Nachfolge des französischen Dichters Paul Bourget, der eine der frühen Leitfiguren für Heinrich Mann war. Das bürgerliche Leben wird als eine unkünstlerische Sphäre abgelehnt, ja der Kunst ist die Berührung mit dem Leben verboten. Es sind die Stimmungen und Gefühle, es ist die extensive Ausbreitung des Seelenlebens, der problematischen Zustände des Ichs, die das Primäre sind. Die Realität ist das Nachgeordnete, das Sekundäre.

In *Das Wunderbare* taucht dann erstmals ein Gegenmodell auf, wenn auch noch ein wenig undeutlich. Die bürgerliche Familie wird zum utopischen Ort. Die bürgerliche Welt besitzt hier die Chance, das Pragmatische und das Wunderbare, den Kanalbau der norddeutschen Stadt und den unausrottbaren Traum vom Wunderbaren, zusammenzubringen. Das Ganze ist freilich als eine Idylle geschildert. Eine solche Familie, eine so verständnisvolle Ehefrau und zwei so wohlgeratene Knaben, das alles hat noch einige triviale Züge, doch weist die Novelle bereits die Richtung. Es ist der Weg weg von der ästhetizistischen Versenkung in die Kunst hin zu einer sozialen Verantwortung. Später wird Heinrich Mann dies in großräumigen Bildern darstellen, wie etwa in dem Roman *Die kleine Stadt* (1909), wo er – stellvertretend für die Menschheit – ein ganzes Gemeinwesen in Italien schildert.

Thomas Manns Beginn ist ein anderer. Nach einigen kleineren Erzählungen tritt er 1901 direkt mit einem der großen Werke der Weltliteratur auf den Plan, mit *Buddenbrooks*. Das Werk begründete Thomas Manns Ruhm. Den Nobelpreis sprach man ihm 1929 ausdrücklich für diesen Erstlingsroman zu. Erzählt wird darin über vier Generationen hinweg die Geschichte der Familie Buddenbrook, die in wesentlichen Zügen der eigenen Familiengeschichte nachgebildet ist. Allerdings findet eine zeitliche Verschiebung und Verdichtung der Handlung statt. Sie reicht von 1835, als mit einem großen Festessen der Einzug in das neue Haus in der Mengstraße 4 gefeiert wird, bis zum Tode des kleinen Hanno Buddenbrook im Jahre 1877. Und natürlich schafft der Roman seine eigene Welt. Mit den Worten Heinrich Manns: *Der junge Verfasser hörte hin: die Einzelheiten der Lebensläufe zu wissen war unerläßlich. Jede forderte, inszeniert zu werden. Das Wesentliche, ihr Zusammenklang, die Richtung, wohin die Gesamtheit der Personen sich bewegte – die Idee selbst gehörte dem Autor allein.*[18]

Die erste Generation, repräsentiert durch den goethezeitlich orientierten Urgroßvater Johann Buddenbrook, wird noch vom ganzheitlichen Lebensstil eines in sich ruhenden Bürgertums geprägt. Für den Sohn, Konsul Johann Buddenbrook, gelten diese überlieferten Prinzipien der bürgerlichen Lebensführung weiterhin, sie verlieren bei ihm jedoch den naturwüchsigen Status. Die ungebrochene Lebensbejahung wird von einem angestrengten Berufsethos abgelöst.

Die nächste Generation, zu der Thomas, Christian und Tony Buddenbrook gehören, weist auf die Verfallsgeschichte voraus. Christian ist unfähig zu regelmäßiger Arbeit. Er lebt sein Leben als tragischer Clown, der sich den bürgerlichen Normen seiner Umgebung nicht anpaßt. Die Figur trägt Züge von Thomas Manns Onkel Friedrich Mann, der dadurch zu fragwürdiger Berühmtheit gelangt ist, so daß er sich Jahre später darüber in der Öffentlichkeit beklagt und seinen Neffen als *Nestbeschmutzer* tituliert hat.

Eine besondere Funktion hat Tony Buddenbrook. Sie bildet mit ihrem unerschütterlichen Optimismus und ihrer lebenslangen Naivität eine Klammer für das Geschehen. Mit ihr beginnt und endet das Werk. Ihr Stolz auf die Familientradition und ihre Freude am Leben sind weder durch die Ehe mit dem Betrüger Bendix Grünlich noch durch ihre Verbindung mit dem die Erwartungen enttäuschenden Münchner Alois Permaneder zu erschüttern. Auch als Tonys Tochter Erika mit ihrem Mann Hugo Weinschenk ebenfalls Schiffbruch erleidet, bleibt die Mutter in ihren Anschauungen fest. Lebensstabilisierendes Element ist dabei die kurze, durch die Familienräson beendete Liebe Tonys zu Morten Schwarzkopf, dem Sohn eines Travemünder Lotsenkapitäns.

> Es sind mir im Laufe der letzten 12 Jahre durch die Herausgabe der
> **„Buddenbrocks",**
> verfasst von meinem Neffen, Herrn **Thomas Mann** in München, dermassen viele Unannehmlichkeiten erwachsen, die von den traurigsten Konsequenzen für mich waren, zu welchen jetzt noch die Herausgabe des Alberts'schen Buches **„Thomas Mann und seine Pflicht"** tritt.
> **Ich sehe mich deshalb veranlasst, mich an das lesende Publikum Lübecks zu wenden und dasselbe zu bitten, das oben erwähnte Buch gebührend einzuschätzen.**
> Wenn der Verfasser der „Buddenbocks" in karikierender Weise seine allernächsten Verwandten in den Schmutz zieht und deren Lebensschicksale eklatant preisgibt, so wird jeder rechtdenkende Mensch finden, dass dieses verwerflich ist. Ein trauriger Vogel, der sein eignes Nest beschmutzt.
> 17078   **Friedrich Mann, Hamburg.**

Anzeige Friedrich Manns im «Lübecker Generalanzeiger»

Thomas Buddenbrook ist der einzige in der dritten Generation, der in der Lage ist, das Erbe zu übernehmen und fortzuführen. Allerdings geschieht dies nur noch unter Anspannung aller Kräfte und mit einer enormen Selbstbeherrschung. Unter der Ägide von Thomas Buddenbrook, der als erster der Familie zum Senator gewählt wird, erlebt die Firma einen Aufschwung, und das Ansehen der Familie in der Stadt erreicht seinen Höhepunkt. Dieser Figur hat Thomas Mann viele Züge seines Vaters verliehen.

Damit ist aber der Umschlagspunkt des Romangeschehens erreicht, denn es ist nur noch eine Rolle, die Thomas Buddenbrook spielt; er wird vom Erzähler daher auch als *Schauspieler* bezeichnet. Das Leben zehrt seine Kräfte auf, und der geschäftliche Erfolg bleibt schließlich aus. In der zweiten Hälfte wird der Roman immer weniger eine an den äußeren Ereignissen orientierte Familienchronik. Es dominiert jetzt der

Verfallsprozeß, der mit einem Blick in das Innere der Figuren einhergeht.

Sinnfällige Gestalt gewinnt diese Verschiebung der Darstellungsschwerpunkte in der Schopenhauer-Lektüre von Thomas Buddenbrook. Im Garten-Pavillon seines Hauses findet er Schopenhauers Hauptwerk «Die Welt als Wille und Vorstellung», und in einem besinnungslosen Lesemarathon begreift er das berühmte Kapitel «Vom Tod und der Unzerstörbarkeit unseres Wesens» als Verweis auf die eigene, dem banalen Leben entfremdete Existenz. Sein Tod auf dem schmutzigen Straßenpflaster nach einer harmlosen Zahnoperation ist das Sinnbild für das Ende eines nur noch äußerlich gelebten Lebens.

Ihre radikale Zuspitzung erfährt die Verfallsgeschichte in der vierten Generation, im Spätling Hanno. Hier ist die Lebensuntüchtigkeit auf den Gipfel gekommen. Hanno wird vom Vater vergeblich in die Speicher mitgenommen und an das Kaufmannsleben herangeführt. Dies ist nicht seine Welt. In der Schule leidet er unter dem preußischen Gymnasialzwang. Allein in der Musik und den Ferien in Travemünde an der Ostsee findet er Schutz und Zuflucht. Hanno stirbt fünfzehnjährig an Typhus.

Hanno ist der Typus des Künstlers, der mit den Bürgern seiner Heimatstadt wenig gemein hat. Die Figur ist auf dieser Ebene sicher von autobiographischen Erfahrungen geprägt.

Am Ende stirbt die Familie Buddenbrook aus. Die Firma und das Wohnhaus in der Fischergrube werden verkauft, Gerda Buddenbrook, Hannos Mutter, die einige Charaktereigenschaften von Thomas Manns Mutter hat, zieht zurück nach Amsterdam, und einzig Tony verbleibt in der Stadt.

Thomas Mann hat nie bestritten, daß auf der äußeren Ebene eine große Ähnlichkeit der Figuren des Romans mit der Familie sowie der Verwandtschaft und Bekanntschaft aus Lübeck besteht. Dies hatte zur Folge, daß unmittelbar nach dem Erscheinen des Romans in der Stadt sogenannte «Entschlüsselungslisten» kursierten, die auf der linken Seite die Romanfiguren und auf der rechten die vermeintlichen Vorbilder auflisteten. Einig war man sich nicht, so daß eine Menge verschiedener Listen kursierten.

Über den tieferen Zusammenhang von *Buddenbrooks* mit der eigenen Familiengeschichte ist viel gerätselt und spekuliert worden. Auch die eigene Familie hat dabei am Mythos von der letztlichen Ununterscheidbarkeit von Literatur und Leben mitgewirkt. Golo Mann etwa sagt: *Wir Kinder zum Beispiel haben natürlich den Roman «Buddenbrooks» früh gelesen und später sehr gründlich gekannt. Und was da nun wirkliche Familiengeschichte ist, nicht wahr, und was der Sphäre der Kunst zugehört – zwischen diesen beiden gab es für uns eigentlich kaum eine Grenze, sie ist ja auch nicht deutlich zu ziehen.*[19]

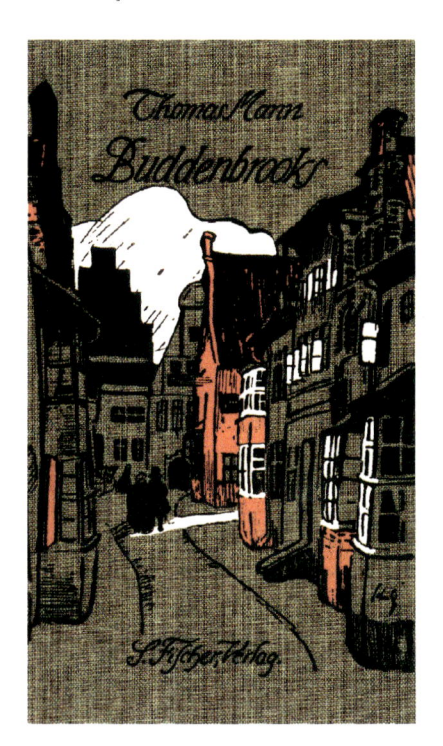

Titelbild der einbändigen Volksausgabe der «Buddenbrooks», 1903

Man sollte sich in dieser Frage lieber an Heinrich Mann halten, der als Schriftsteller von Rang und als Familienmitglied die zentrale Bedeutung von *Buddenbrooks* und der Hanno-Figur für Thomas Mann und damit für die ganze spätere Familie erfaßt hat: *Der zarte Junge, der übrig ist, stirbt, und gesagt ist alles für die ganze Ewigkeit. In Wirklichkeit, wie sich dann herausstellte, blieb vieles nachzutragen, wenn für keine Ewigkeit, doch für die wenigen Jahrzehnte, die wir kontrollieren. Die «verrottete» Familie, so genannt von einem voreiligen Pastor, sollte noch auffallend produktiv sein. Dies war die tatkräftige Art eines neu Beginnenden, sich zu befreien von den Anfech-*

tungen seines ungesicherten Gemütes. [...] Der letzte tüchtige Mann des Hauses war keineswegs dahin. Mein Bruder bewies durchaus die Beständigkeit unseres Vaters, auch den Ehrgeiz, der seine Tugend war.[20]

Es ist also gerade der eindeutige Unterschied zwischen Kunst und Leben, der die grundlegende Bedeutung von *Buddenbrooks* für Thomas Mann ausmacht. Die herausragende ästhetische Qualität dieses Jahrhundertromans hatte der Welt und dem Autor gezeigt, daß er auf einem gänzlich anderen Gebiet als dem väterlichen Gewerbe etwas konnte, worauf sich das eigene Leben, die eigene Familiengeschichte gründen ließ. Daß er dabei seine familiäre Vorgeschichte literarisch bewältigt hatte, steht auf einem anderen Blatt und ist gegenüber der künstlerischen Leistung von sekundärer Bedeutung.

Der Roman stellte Thomas Manns Leben mit einem Schlage auf den Kopf: *Es war der Ruhm. Ich wurde in einen Erfolgstrubel gerissen [...]. Meine Post schwoll an, Geld strömte herzu, mein Bild lief durch die illustrierten Blätter, hundert Federn versuchten sich an dem Erzeugnis meiner scheuen Einsamkeit, die Welt umarmte mich unter Lobeserhebungen und Glückwünschen...* (GW XI, 114)

> Und darum eben, weil sich in den «Buddenbrooks» ein erlebtes und tief empfundenes Weltgefühl mit einer bewußten Kunst innig verbunden hat, deshalb bleibt dieser Roman ein unzerstörbares Buch. Er wird wachsen mit der Zeit und noch von vielen Generationen gelesen werden: eines jener Kunstwerke, die wirklich über den Tag und das Zeitalter erhaben sind, die nicht im Sturm mit sich fortreißen, aber mit sanfter Überredung allmälig und unwiderstehlich überwältigen.
> Samuel Lublinski, Berliner Tageblatt, 13. September 1902

Der Erfolg hatte freilich auch seine Kehrseite. Die *Buddenbrooks* waren schließlich nur der Anfang. Die großen Romane der Reifezeit und des Alters sollten noch folgen. Zugespitzt formuliert: Wer mit 25 Jahren sein erfolgreichstes Buch schreibt, der muß sich sein Leben lang anstrengen, diesen frühgesetzten Ansprüchen gerecht zu werden, dem ist der Zwang zum Besten tief eingeprägt. Im Alter noch schreibt Thomas Mann an einen Bekannten aus der frühen Zeit: *Denn wahrscheinlich sind und bleiben die Buddenbrooks «mein» Buch, das mir aufgetragene und künstlerisch einzig wirklich glückliche, das immer gelesen werden wird; und wenn ich fürs Weitere irgendwelche Anerkennung verlange, so nur die, daß ich ein langes Leben, dessen Sendung eigentlich mit 25 Jahren erfüllt war, leidlich würdig und unterhaltend auszufüllen gewußt habe.*[21] Solche Gedanken quälten den jungen Thomas Mann jedoch noch nicht. Ihm war es nun vor allem darum zu tun, auch sein privates Leben in geregelte Bahnen zu lenken.

1904 lernt er in der Straßenbahn Katia Pringsheim kennen und verliebt sich sofort in die junge Frau. Er wirbt intensiv um die Tochter Alfred Pringsheims, der Ordinarius für Mathematik an der Universität München und einer der reichsten Männer der Stadt ist, und am 11. Februar 1905 findet die Heirat statt. Das junge Paar bezieht eine angemessene Wohnung in der Franz-Joseph-Straße, die vom Schwiegervater finanziert und von der Schwiegermutter eingerichtet wird. Über die Familie Pringsheim berichtet der Sohn Klaus in seiner Autobiographie: *Die Pringsheims waren eine ungewöhnliche Familie, auffallend sogar in dem bunt gemischten Milieu der Münchener Gesellschaft vor dem ersten Weltkrieg. Der Professor und seine Gattin stammten beide aus Berlin: Er, jüdischer Herkunft, Erbe eines großen Vermögens, das während der sogenannten «Gründerjahre» von seinem Vater im Schlesischen erworben worden war. Sie aus unbemitteltem, aber gesellschaftlich prominentem Hause. Madame Pringsheims Vater, Ernst Dohm, gehörte zu den Gründern der satirischen Wochenschrift «Kladderadatsch», die in der Bismarck-Zeit einen nicht unerheblichen politischen Einfluß ausübte. Ihre Mutter, Hedwig Dohm, war eine führende Frauenrechtlerin und übrigens auch literarisch erfolgreich.*[22]

Wer war diese Katia Pringsheim, die zweiundzwanzigjährig ihr Mathematikstudium abbrach, Thomas Mann heiratete und dann 50 Jahre mit ihm verheiratet war, ihn durch ein an Höhen, aber auch an Tiefen reiches Leben begleitete, ihm sechs Kinder gebar, nicht nur Ehefrau und Mutter, sondern Managerin, Lebensorganisatorin und mehr war? Erika Mann stellte in einem Artikel zum 70. Geburtstag der Mutter vollkommen zu Recht fest: *Merkwürdig bleibt es jedenfalls, daß «die Welt», das lesende Publikum vieler Länder, kaum je aufmerksam wurde auf die*

Frau, unter deren Regie und unentbehrlichem Schutz ein Lebenswerk entstand, das doch seinerseits einige Beachtung gefunden.[23] In allen Äußerungen über Katia Mann findet sich immer wieder der Hinweis darauf, daß sie sich selbst nicht so wichtig genommen habe, daß sie sich vor allem für die anderen, die Familie aufgeopfert habe. Aber hinzugefügt werden muß noch etwas anderes. Erika Mann betont, daß die Mutter das Gegenteil jener sonst üblichen Vorstellung des *wandelnden Edelmutes* gewesen sei. Sie betont ihre Klugheit und Belesenheit, die nicht wenig

Hedwig Pringsheim mit ihrer Tochter Katia, um 1905

zu ihrer Bedeutung in der Familie beitrug: *«Kleine Gelehrte» freilich haben wir das Mielein als Kinder genannt [...]. Als wir sie körperlich schon überragten, blieb sie uns weit überlegen in jedweder Wissenschaft, und einmal – wie genau erinnere ich mich! – hat sie mir in gerechtem Zorn ein Buch an den Kopf geworfen, weil dieser sich mit jenem nicht zu befreunden vermochte und ich gar so «schlecht» war in der sphärischen Trigonometrie.*[24]

Die Geschichte dieser Frau ist noch nicht geschrieben worden. Sie hätte ihren Ausgang zu nehmen in der pragmatischen, unprätentiösen und sehr logisch operierenden Intelligenz und ihrem Mut bei der Bewältigung des Lebens. Dies kommt noch in der Knappheit und Exaktheit ihrer Sprache zum Ausdruck, die sich in den *Ungeschriebenen Memoiren* abzeichnet, ein Buch, das im hohen Alter aus Interviews mit ihr entstand und inzwischen zu einem Klassiker der Literatur über die Familie Mann geworden ist.

Nur auf den ersten Blick steht die Eigenart Katia Manns in einem Gegensatz zu den träumerisch-künstlerischen Veranlagungen der meisten Mitglieder der Familie Mann. In Wirklichkeit waren ihre Fähigkeiten eine ideale Ergänzung. Hier war jemand, der alles verstand und doch in der Lage war, dies alles mit dem Leben, den ganz normalen Dingen des Alltags immer wieder in Einklang zu bringen. Ohne Katia Mann, das kann ohne Übertreibung gesagt werden, hätte Thomas Mann sein Werk nicht zustande gebracht, und die Familie wäre in der ersten Hälfte des 20. Jahrhunderts mit seinen großen historischen Umbrüchen niemals zu dem geworden, was sie heute vielen bedeutet.

Kehren wir aber zu den Münchener Anfängen der Familie zurück. Am 9. November des Hochzeitsjahres kam Erika als erstes Kind zur Welt. Die Reaktion des Vaters war auf den ersten Blick ein Beleg für das bürgerlich-konservative Familienbild Thomas Manns. *Es ist also ein Mädchen: eine Enttäuschung für mich, wie ich unter uns zugeben will, denn ich hatte mir sehr einen Sohn gewünscht und höre nicht auf, es zu thun. […] Ich empfinde einen Sohn als poesievoller, mehr als Fortsetzung und Wiederbeginn meinerselbst unter neuen Bedingungen.*[25] Passend dazu schreibt er ein gutes Jahr später, als Klaus Mann geboren wird, an den Freund Kurt Martens: *Vergnügten Herzens melde ich Dir die glückliche Geburt eines wohlgebildeten Knäbleins.*[26] Aber wie eigentlich immer lohnt es, bei dieser Familie genauer hinzuschauen, dem ersten Augenschein nicht zu trauen. Erika nämlich wird das erklärte Lieblingskind. In ihrer lakonischen Diktion hat das Katia Mann zum Ausdruck gebracht: *Obgleich er ein Mädchen für nichts Ernsthaftes hielt, war Erika immer sein Liebling; und dann die Jüngste, Elisabeth. Die beiden Mädchen hatte er bei weitem am liebsten; sie standen ihm entschieden näher als die Söhne.*[27]

Was Katia Mann in ihren Memoiren mit keinem Wort erwähnt, drückt Thomas Mann in seinem an den Bruder gerichteten Brief anläßlich der Geburt Erikas deutlicher aus, wenn es heißt, die Tochter bringe ihn vielleicht *innerlich in ein näheres Verhältnis zum «anderen» Geschlecht, von dem ich eigentlich, obgleich nun Ehemann, noch immer nichts weiß*[28]. Ziemlich deutlich angespielt wird damit auf die latente Homoerotik Thomas Manns. Über sie muß gesprochen werden, nicht nur aus biographischen, sondern auch aus ästhetischen Gründen.

Dem Bruder Heinrich war sie offensichtlich schon früh bekannt. An den gemeinsamen Jugendfreund Ewers schreibt Heinrich Mann am 21. November 1890: *Mein armer Bruder Tomy. Laß ihn nur erst in das Alter kommen, wo er unbewacht und – bemittelt genug ist, seine Pubertät zum Ausdruck zu bringen, 'ne tüchtige Schlafkur mit einem leidenschaftlichen, noch nicht allzu angefressenen Mädel – das wird ihn kurieren. Sage ihm das aber nicht. Ironisiere die Geschichte; das hilft. Nur nichts tragisch-ernst nehmen!*[29]

Man muß bei der Kenntnis des Lübecker Umfeldes davon ausgehen, daß Ewers nicht geschwiegen hat und Thomas Mann dieser Ansicht des Bruders sicher keinerlei Ironie entgegengebracht hat, sondern sie im Gegenteil wohl eher *tragisch-ernst* genommen hat. Zugegeben werden muß dabei, daß Heinrich Manns Äußerung eine sehr rüde Art und Weise darstellte, mit einem Lebensproblem umzugehen, dem Thomas Mann in seinen jungen Jahren mit einer geradezu grotesk anmutenden Hilflosigkeit gegenüberstand. *Wie komme ich von der Geschlechtlichkeit los? Durch Reisessen?*[30] fragt er allen Ernstes brieflich den Freund Otto Grautoff. Die mangelnde Sensibilität resultiert aus der Tatsache, daß sich Heinrich Mann auf

> Ich habe Heinrich erst nach unserer Hochzeit kennengelernt. Wir hatten eine sehr komische Beziehung, wir haben uns zeit unseres Lebens gesiezt. Heinrich war wohl der merkwürdigste Mensch, den man sich denken konnte. Er war sehr formell – eine Mischung von äußerster Zurückhaltung und dabei doch auch wieder Zügellosigkeit.
> Katia Mann: Meine ungeschriebenen Memoiren, S. 36

dem Gebiet des Sexuellen auch in einem Extrembereich bewegte, freilich mit anderen Vorzeichen. Der niemals ausgelebten Liebe des Bruders zu den Blonden und Blauäugigen stand Heinrichs geradezu exzessive Jagd nach Liebe entgegen, wobei die Objekte seiner Begierde die Frauen waren.

Die Brüder Mann machten sich – jeder auf seine Weise – zu Außenseitern, zu unbürgerlichen Existenzen. Beide haben dies gewußt, und beide haben ihre Kunst darauf gegründet. Vor allem unter diesem Aspekt ist die erotische Seite ihrer Biographie von Bedeutung. Sie hätten anders oder gar nicht geschrieben, wenn sie nicht diese jeweils spezifische erotische Disposition gehabt hätten. Für Thomas Mann heißt das: Wäre er nur der großbürgerlich-konservative Familienvater gewesen, als den ihn viele auch heute noch sehen, wäre sein Werk von Weltrang nicht entstanden. Mit seinen eigenen Worten: *Der Roman «Dr. Faustus», eine ziemlich wilde Geschichte, wird wohl von dem schönen Wahn, ich sei eine bürgerlich-konservative Exzellenz und ein ironisch ausgeglichenes Gemüt, nicht viel übrig lassen.*[31]

Die Forschung hat in den letzten Jahren denn auch jenseits aller vordergründigen Effekthascherei deutlich gemacht, daß Thomas Manns Romankunst zu einem entscheidenden Teil als eine gewaltige Sublimierungsleistung verstanden werden muß. Mit den Worten Hans Wyslings: «Nach außen hin hat Thomas Mann seine homophile Veranlagung durch seine Heirat zu verdecken gesucht. [...] Damit war eine Fassade errichtet, Thomas Mann hatte sich eine ‹Verfassung› gegeben. Was er sich im Leben verbot, hat er in seinen Werken ausgelebt. Kunst gewährt ja die Erfüllung verbotener Wünsche.»[32] Und auch Heinrich Manns Romane leben entscheidend von den erotischen Grundspannungen.

Thomas Mann hat seine homoerotischen Neigungen niemals ausgelebt, er hat sie im tiefsten Inneren wohl als etwas für ihn nicht Akzeptables angesehen. Er hat die Homosexualität aber niemals moralisch abgeurteilt, wie es damals, noch weit mehr als heute, üblich war. Auch auf der Ebene des Familienlebens hat Thomas Mann diese Haltung konsequent durchgehalten. So hat er Klaus Mann gegenüber, der ein bekennender Homosexueller war, niemals einen Vorwurf geäußert. Im Gegenteil: Es war Brauch, daß Klaus Mann seine Freunde in all den großbürgerlichen Villen, die die Familie in München, Küsnacht, Princeton und Pacific Palisades bewohnte, zu Besuch mitbrachte.

Wie muß man sich nun das Leben der Manns in München vor dem Ersten Weltkrieg vorstellen? Bevor die Familie 1914 das große eigene Heim in der Poschingerstraße 1 bezog, das dann zum eigentlichen Familienort wurde und auf das sich alle Erinnerungen immer wieder konzentrieren, wohnte man in wechselnden Wohnungen, die freilich immer größer wurden, um der wachsenden Kinderschar – 1909 und 1910 waren Golo und Monika Mann geboren worden – gerecht zu werden. Im Jahre 1908 ließ Thomas Mann sich und seiner Familie in Bad Tölz ein stattliches Sommerhaus bauen. Dies war bis zum Ersten Weltkrieg das Kindheitsparadies, in dem die Familie jeden Sommer verbrachte und das in der Rückerinnerung zur Idylle verklärt wurde, bevor der Krieg auch das Familienleben einschneidend veränderte. Klaus Mann schreibt: *Ja, dies ist Sommer: Wir sieben – zwei Eltern, vier Kinder und ein tanzender wirbelnder [Hund] Motz – auf dem Wiesenweg, langsamen Schrittes marschierend, dem Klammerweiher entgegen. [...] Die Luft riecht nach Sommer, schmeckt nach Sommer, klingt nach Sommer. Die Grillen singen ihr monoton-hypnotisierendes Sommerlied. Zu unserer Rechten liegt das Sommerstädtchen Tölz mit seinen bemalten Häusern, seinem holprigen Pflaster, seinen Biergärten und Madonnenbildern. Um uns breitet sich die Sommerwiese; vor uns ragt das Gebirge, gewaltig getürmt, dabei zart, verklärt im Dunst der sommerlichen Mittagsstunde.*[33]

Weit weniger romantisch-verklärend sah Inés Schmied das sommerliche Leben in Tölz. Die aus Argentinien stammende Frau war lange Jahre die Verlobte Heinrich Manns, der sich aber nicht zu einer Heirat durchringen konnte. Ein Grund mag gewesen sein, daß Inés Schmied sich sehr schlecht mit dem Rest der Familie verstand. Ihr folgender Erlebnisbericht aus Tölz, der

Inés Schmied in München 1916, auf dem Arm die Tochter einer Cousine

aus einem Brief an Heinrich Mann stammt, ist dafür ein Beispiel. «Manchmal erlebe ich den Tag in Tölz wieder und könnte ein ganzes ‹Idyll?› daraus machen. Die ganze Zeit habe ich bei mir gedacht, o wie tief melancholisch ist das Leben! Und immer und immer wieder diese eine Phrase und ich wusste selbst nicht warum ich alles so schrecklich melancholisch fand. Das kalte Wetter, die Steifheit Deines Bruders, die kleine rote Nase von der kleinen Erika, der feuchte Garten. Mit einem Wort die Stimmung war schrecklich! Du – – – kalt und redetest davon mit (‹Beziehung›) dass die Frauen immer wirken wollen, Katia schwatzte, ich weiss nicht was, und ich dachte immer, ist es der Mühe zu leben, wenn alles so schrecklich melancholisch ist. Immer noch sehe ich das Gesicht Deines Bruders wie er so kalt gleichmutig und doch mit einer Art Unbehagen in die Luft guckt. Dazu diese nüchterne poesielose Gegend. Ein Klex Berge, ein Klex Wiese, ein Klex Wald, von allem ein bischen. Nichts Grosses, nichts Schönes, mit einem Wort nüchtern, bürgerlich kalt. Lieber möchte ich begraben sein, als dort leben.»[34]

In München war die Mutter Julia Mann eine Art Mittelpunkt. Bei ihr traf sich Thomas Mann mit den Schwestern Carla und Julia und dem jüngeren Bruder Viktor. Mit steigendem Alter wuchs die Bedeutung der Familie für die Mutter. Besonders der wachsende Ruhm ihrer beiden Söhne wurde von ihr genau registriert. Viktor Mann berichtet in seinem Erinnerungsbuch *Wir waren fünf,* wie sie erbost in eine Augsburger Buchhandlung stürmte, um den Inhaber zur Rechenschaft zu ziehen, der *Prachtausgaben der Klassiker, moderne Zeitschriften, Arthur Schnitzler, alte Stiche, Maupassant, Ganghofer* und vieles mehr in der Auslage hatte, aber eben keine Werke ihrer Söhne. Und er fügt hinzu: *Immer reklamierte sie die Bücher beider Söhne, und sie wurde sogar besonders dringlich, wenn Werke des einen ausgestellt waren, während der andere fehlte.*[35]

Zu reden ist auch von den Schwestern – Carla und Julia Mann. Carla wurde Schauspielerin. Ihr gelang es allerdings nicht, in ein festes Engagement zu kommen, so daß sie sich mit Saisonverträgen begnügen mußte, die sie an Theater quer durch ganz Deutschland führten. Sie hatte stets engen Kontakt zu ihren Brüdern, besonders zu Heinrich. *Das Wesen, das ich mir am nächsten gewußt habe, war meine Schwester. Sie war Schauspielerin, schön und elegant, ein Kind des Lebens, so voll Bereitschaft, es ganz durch ihr Herz gehen zu lassen, – und doch nahm sie es im Tiefsten nur wichtig als beherrschtes Spiel; und da sie dies endlich aus dem Auge verlor und vollkommen «ernst» sein wollte, mußte sie sterben.*[36]

Mit der letzten Bemerkung will Heinrich Mann den Selbstmord der Schwester im Jahr 1910 für sich faßbar machen. In einem seiner Notizbücher hat er eine genaue Chronik der Ereignisse gegeben: Des Umherziehens müde hat sie sich mit einem Manne verlobt, der sie anbetet und heiraten will, obwohl die Widerstände in seiner Familie gegen die Schauspielerin groß sind. Man versucht, sie moralisch zu kompromittieren. Sie trifft sich dazu noch mit einem Verehrer, der ihr seit einem Jahr nachstellt. Der Verlobte zweifelt an ihr, als sie es ihm gesteht. In der Wohnung der Mutter, in Polling, nahe München, nimmt sie am 30. Juni 1910 das Gift, das sie seit über einem Jahr mit sich herumträgt und das ihr unter fürchterlichen Schmerzen den Tod bringt.

Für Heinrich Mann war ihr Selbstmord der gescheiterte Versuch, endlich aus der verantwortungslosen Welt des Spielens, der Komödianten ausbrechen zu wollen. Er stellt aber auch die Frage nach dem Gelingen. *Ist an dem Ernst einer, die stirbt, zu zweifeln?* Ja – sagt Heinrich Mann und schließt seine Notizen mit den Worten: *Und in dem ungeheuren Willensakt, als sie das Gift trinkt, nicht um Hilfe ruft, nur mit Gurgeln den Schmerz lindert, und sich zum Sterben hinlegt, allein, bei verriegelter Thür, – darin ist auch z[um] Schluss noch die gewollte Rolle, die Losgelöstheit vom Leben, das Ü b e r s e i n d e s L e b e n s, dessen, was sie mehreren fühlenden Menschen anthat, das harte Spiel, die tödliche Komödie.*[37]

Thomas Mann sah das ganz anders, er vertrat keinen von der Kunst her kommenden Standpunkt, sondern argumentierte aus der Sicht der Familie. Auch er aber zeigte sich tief bewegt und in seinem Innersten getroffen: *Wir sind Alle übel daran. Es ist das Bitterste, was mir geschehen konnte. Mein geschwisterliches Solidaritätsgefühl läßt es mir so erscheinen, daß durch Carla's That unsere Existenz mit in Frage gestellt, unsere Verankerung gelockert ist. Anfangs sagte ich immer vor mich hin: «Einer von uns!» Was ich damit meinte, verstehe ich erst jetzt. Carla hat an niemanden gedacht, und Du sagst: «Das fehlte auch noch!» Und doch kann ich nicht anders, als es so empfinden, daß sie sich nicht hätte von uns trennen dürfen. Sie hatte bei ihrer That kein Solidaritätsgefühl, nicht das Gefühl unseres gemeinsamen Schicksals. Sie handelte sozusagen g e g e n e i n e s t i l l s c h w e i g e n d e A b r e d e. Es ist unaussprechlich bitter. Mama gegenüber halte ich mich. Sonst weine ich fast immer.*[38]

Die Schwester Julia ging einen anderen Weg. Sie heiratete 1900 den aus Frankfurt stammenden Bankdirektor Joseph Löhr. Das Paar lebte in München. Julia Mann führte eine unglückliche Ehe, und als der Tod ihres Mannes im Jahre 1922 sie auch in wirtschaftliche Schwierigkeiten brachte, beging sie im Mai 1927 ebenfalls Selbstmord. Klaus Mann schreibt: *Sie erhängte sich. Sie war stets bürgerlich und fein gewesen, von zimperlich-gezierter Art, mit matten Augen und gespitztem Mündchen, dabei aber heimlich ausschweifend, mit einem melancholischen Penchant für Narkotika und gutaussehende Herren des gehobenen Mittelstandes. Einerseits die forcierte Feinheit, andererseits die Gier nach Morphium und Umarmung. Das war zuviel, sie unterlag, griff zum erlösenden Stricke.*[39]

Auch das Schicksal der Schwestern ist von den Brüdern in Literatur verwandelt worden: Bei Heinrich in seinem 1903 erschienenen Roman *Die Jagd nach Liebe*, in dem die Figur der Schauspielerin Ute Züge der Schwester Carla hat, und bei Thomas Mann im *Doktor Faustus*, wo er der Frau Senatorin Rodde und ihren Kindern Clarissa und Ines Züge von Mutter und Schwestern verliehen hat.

An diesem Punkt der Familiengeschichte stellt sich erstmals die Frage: Wie ist diese Häufung von Selbstmorden zu erklären? Gibt es innerfamiliäre Gründe dafür, daß die Schwestern Carla und Julia, später die Söhne Klaus und – höchstwahrscheinlich – Michael ihrem eigenen Leben ein Ende setzten? Es gibt eine mythisch geartete Erklärung, die die irrationalen Tiefen eines angeblichen Familienfluches bemüht und davon spricht, daß die Kunst ihre Opfer fordert, daß, wer schreibt, sein Lebensglück verspielt und oft sogar das Glück der anderen Familienmitglieder, die zum literarischen Objekt werden, mitverspielt. Gegen diese vor allem von Marianne Krüll vertretene These, die bis in die bundesrepublikanischen Illustrierten und Kulturmagazine des Fernsehens vorgedrungen ist, soll in drei Punkten festgehalten werden, was sich verantwortlich aus der Familiengeschichte herauslesen läßt:

1. Das Bürgerliche, teilweise Großbürgerliche war bei den Manns ein fester Bestandteil ihrer Existenz. Aus Lübeck resultierend läßt es sich bis in fast alle Verästelungen der Familie nachweisen. Noch Erika Mann war davon beeinflußt, wenn sie, ohne irgendwelche Skrupel zu haben, in der ersten Klasse reiste, während der Rest ihrer Kabarett-Truppe mit den billigeren Plätzen im Zug vorlieb nehmen mußte. Diese Bürgerlichkeit ist zudem in der Wahrnehmung der Familie Mann – im Positiven wie im Negativen – zum repräsentativen Element geworden. Ein Faszinosum dieser Familie ist zweifelsohne die Tatsache, daß man hier immer die Vorstellung haben kann, die deutsch-bürgerliche Familie par excellence vor sich zu haben.

2. Die Bürgerlichkeit ist nicht alles, denn es ist eine gebrochene. Sie kann nicht sein ohne Grenzüberschreitungen. Auch dies läßt sich – von Thomas Mann bis hin zu seinem Sohn Michael – an fast allen Mitgliedern dieser «amazing family» zeigen. Sie hat das Unbürgerliche immer benötigt, um das Bür-

Heinrich Mann, 1903

gerliche darstellen und aushalten zu können. So gehören etwa die Drogen, die Sexualität und das Morbid-Dekadente bei den Manns immer dazu.

3. Für die Manns – und das gilt für alle, die geschrieben, und jene, die nicht geschrieben haben, gleichermaßen – stellte sich von daher immer eine grundsätzliche Frage: Wie gehe ich mit der unbürgerlichen Seite meiner Existenz um? Es ist hier nicht möglich, das weite Spektrum der Möglichkeiten darzustellen, sondern nur die beiden Extreme können benannt werden. Es waren dies aber: die Kunst und der Tod. Zum einen nämlich konnte das Leiden am Leben in der Kunst sublimiert, in der ästhetischen Gestaltung produktiv gemacht werden. Diese Möglichkeit konnten jedoch nur die Schriftsteller in der Familie verwirklichen. Es war dies aber sicher ein Grund dafür, daß der wahre *Familienfluch* – nämlich der Zwang zum Schreiben – sehr viele der Manns ergriff, wie Klaus Mann es tiefsinnig-scherzhaft gegenüber der Schwester Erika feststellte.[40] Auf der anderen Seite stand der Tod, der jenseits aller für uns nicht durchschaubaren Privatheit eine Antwort auf das Scheitern der Integration des Unbürgerlichen in das Leben war.

Wir haben in dieser Konstellation sicher auch einen der wesentlichen Gründe dafür zu sehen, daß in der Romankunst der Brüder Heinrich und Thomas Mann eine gewisse Themenähnlichkeit existiert, ja mehr noch, daß sie beide in bestimmten Phasen ihrer ästhetischen Entwicklung mit ihrem Schreiben auf den jeweils anderen Bezug genommen haben. Dies erklärt auch die Tatsache, daß viele der besten Kritiken über die Bruderwerke vom jeweils anderen stammen. Man wußte meistens genau, wovon der Bruder sprach.

In den Jahren zwischen 1900 und 1914 gibt es daher im Prosaschaffen der Brüder dreimal Werke, die deutlich miteinander korrespondieren. Zum einen sind es die großen Erstlingswerke, *Im Schlaraffenland* (1900) und *Buddenbrooks* (1901); sodann eines der bekanntesten Werke Thomas Manns, die 1903 erschienene Novelle *Tonio Kröger*, und Heinrich Manns erster Erfolgsroman *Professor Unrat* aus dem Jahre 1905. Was kaum bekannt ist: Nicht nur *Tonio Kröger* verdankt sich den Kindheits- und Jugenderfahrungen Thomas Manns in Lübeck, sondern auch *Professor Unrat* greift direkt auf Autobiographisches zurück. Der Roman spielt am Katharineum, der Schule, die

Thomas Mann, um 1900

Heinrich und Thomas Mann besucht hatten. Und ein Lehrer Raat ist dort verbürgt, der tatsächlich von den Schülern Unrat genannt wurde. In der Figur des Lehrers Raat überlagern sich zwei verschiedene Kernaussagen. Zum einen ist es die Kritik an der Institution Schule – in der Schilderung des Lehrers wird das autoritäre System getroffen, das die Schüler als Objekte einer Untertanen-Ideologie begreift, nicht aber als freie Individuen, die es in sinnvoller Weise zu erziehen gilt. Die andere Ebene umfaßt die Kritik an Lübeck als bürgerlicher Lebensform, die gerade in der zweiten Hälfte des Romans zu finden ist.

1909 schließlich erschienen zwei Romane der Brüder Mann, die jeweils den Entwurf vom individuellen und gesellschaftlichen Glück darstellen wollen. Sie können als künstlerisches Resümee der Vorkriegszeit angesehen werden. Die Rede ist von Thomas Manns Roman *Königliche Hoheit* und von Heinrich Manns Roman *Die kleine Stadt*.

Mit Thomas Manns eigenen Worten: *Die erste künstlerische Frucht meines jungen Ehestandes aber war der Roman «Königliche Hoheit», und er trägt die Merkmale seiner Entstehungszeit. [...] Ein Problem wurde lustspielhaft gelöst, aber es war ein Problem immerhin, ein empfundenes dazu und kein müßiges: Ein junger Ehemann fabulierte hier über die Möglichkeit der Synthese von Einsamkeit und Gemeinschaft, Form und Leben, über die Aussöhnung des aristokratisch-melancholischen Bewußtseins mit neuen Forderungen, die man schon damals auf die Formel der «Demokratie» hätte bringen können.* (GW XI, 118f.)

In diesem Roman rettet ein Prinz sein kleines Fürstentum, das vor dem finanziellen Bankrott steht, durch die Heirat mit der Tochter eines reichen Industriellen. Thomas Mann hat auch in dieses Werk viele Ereignisse seines Lebens einfließen lassen, nämlich die Hochzeit mit Katia und ihren familiären Hintergrund. Katia schreibt dazu: *Mein Vater war ein großer Sammler von Renaissance-Kunstgegenständen, sowohl Silber wie Fayence. Thomas Mann hat das in «Königliche Hoheit» in eine Glassammlung verwandelt, und er hat den wenig entgegenkommenden Charakter meines Vaters, der immer etwas kränklich, wirsch und ungeduldig war, verwendet. Ich würde sagen, daß das Porträt mei-*

nes Vaters mit dem alten Spoelmann deutlicher getroffen ist als das der Imma für mich. Auch wenn Thomas Mann dabei ziemlich wesentlich an mich gedacht hat, ist es nach meinen Ansichten ein ganz schiefes Porträt. Imma ist ein bißchen zu schnippisch, so war ich eigentlich nicht. Ich habe schon mal ganz gern ein bißchen Überlegenheit durchblitzen lassen, doch Imma ist zu outriert nach meiner Meinung – aber ich kenne mich ja nicht so genau. Kurzum, er hat da Vater und Tochter sehr stilisiert porträtiert.[41]

In Heinrich Manns Roman *Die kleine Stadt* wird das Leben in einer kleinen italienischen Stadt geschildert, in der eine Theatertruppe ein Stück aufführen will und damit zwischen die politischen Fronten gerät. Kontrahenten sind auf der einen Seite die Fortschrittlichen, angeführt durch den Advokaten Belotti, und auf der anderen Seite die beharrenden Kräfte, die der Pfarrer leitet. Eingebunden sind die Dinge des Lebens, sind Intrigen und Liebesgeschichten, Verrat und Edelmut. An den Lübecker Freund Ewers schreibt Heinrich Mann: *Die «Kleine Stadt» ist mir von meinen Romanen der liebste, denn er ist nicht nur technisch eine Eroberung, auch geistig. Es ist Wärme darin, die Wärme der Demokratie, die darin wiedergegeben ist, ein Glaube an die Menschheit – zu dem die Welt, wie mir scheint, wieder gelangen wird, zuletzt vielleicht in Deutschland, denn dort steht er am tiefsten.*[42]

Hier haben wir den Kernpunkt des politischen und künstlerischen Credos Heinrich Manns in den letzten Jahren vor dem Weltkrieg. Thomas Mann war beeindruckt und schrieb während der Lektüre: *Die Messe im Dom hat mich gestern sehr bewegt. Heute erheiterte mich die Rückholung des Advokaten. Das Ganze liest sich wie ein hohes Lied der Demokratie, und man gewinnt den Eindruck, daß eigentlich nur in einer Demokratie große Männer möglich sind. Das ist nicht wahr, aber unter dem Eindruck Deiner Dichtung glaubt man es. [...] Übrigens wer weiß. Vielleicht kommt es schon jetzt zur Zeit. Es enthält viel in hohem und vorgeschrittenem Sinne Zeitgemäßes. Ich bin sehr neugierig auf seine Wirkung, – eigentlich viel neugieriger als auf die von «K[önigliche] H[oheit]».*[43]

Thomas Mann hat mit diesen Worten sehr hellsichtig Heinrich Manns Auffassung von Kunst und Politik um 1910 charakterisiert. Der Bruder träumt von einem menschlichen, demokratischen Zusammenleben, das mit den realen Bedingungen in Deutschland nicht übereinstimmte. Das gute Volk seines Romans gab es in der deutschen Gegenwart nicht. Und tatsächlich ist das Volk auch dem Roman bei seinem Erscheinen nicht gerecht geworden, denn er fand nicht viele Käufer. Ein Grund dafür war sicherlich, daß das Buch Tendenzen antizipierte, die sich erst andeuteten, in der Ferne sichtbar waren.

Aber Thomas Mann ahnte die Kraft dieser Träume vom guten Volk voraus. In einem Brief an Heinrich Mann faßte er 1913, am Vorabend des Ersten Weltkrieges, den Stand der eigenen Entwicklung und der seines Bruders folgendermaßen zusammen: *Aber das Innere: die immer drohende Erschöpfung, Skrupel, Müdigkeit, Zweifel, eine Wundheit und Schwäche, daß mich jeder Angriff bis auf den Grund erschüttert; dazu die Unfähigkeit, mich geistig und politisch eigentlich zu orientieren, wie Du es gekonnt hast; eine wachsende Sympathie mit dem Tode, mir tief eingeboren: mein ganzes Interesse galt immer dem Verfall, und das ist es wohl eigentlich, was mich hindert, mich für Fortschritt zu interessieren. Aber was ist das für ein Geschwätz. Es ist schlimm, wenn die ganze Misere der Zeit und des Vaterlandes auf einem liegt, ohne daß man die Kräfte hat, sie zu gestalten. Aber das gehört wohl eben zur Misere der Zeit und des Vaterlandes. Oder wird sie im «Unterthan» gestaltet sein? Ich freue mich mehr auf Deine Werke, als auf meine. Du bist seelisch besser dran, und das ist eben doch das Entscheidende. Ich bin ausgedient, glaube ich, und hätte wahrscheinlich nie Schriftsteller werden dürfen.*[44]

Der Erste Weltkrieg und die Weimarer Republik (1914 – 1933)

Der Ausbruch des Ersten Weltkriegs überraschte Thomas Mann und seine Familie im Sommerhaus in Bad Tölz. Erika Mann schildert das Zusammentreffen von Familienidylle und Kriegsausbruch sehr anschaulich – auch ihre Überraschung darüber, daß die üblichen sprachlichen Beschreibungskategorien des Vaters gegenüber diesem Ereignis zu versagen schienen. Man hatte Theater spielen wollen, und dann war das Kindermädchen gekommen und hatte etwas von Krieg geredet: *Wir wußten überhaupt nicht, was das zu bedeuten hatte, und zogen uns nicht aus, sondern rannten verkleidet durch den ganzen großen Garten ins Haus auf die Veranda, wo unsere Eltern beim Tee saßen, und sagten: «Was soll das heißen: der Krieg ist ausgebrochen, wir können nicht Theater spielen?» Es wurde uns keine eigentliche Antwort gegeben, sondern mein Vater stand sehr sinnend und ungeheuer ernst da und schaute in die Luft, schaute hinüber auf die verschneiten Gipfel des Karwendel-Gebirges und sagte: «Nun wird wohl auch gleich ein feuriges Schwert am Himmel erscheinen.» Und nach dieser rätselhaften und unheimlichen Äußerung wußten wir, daß wir definitiv an diesem Tag nicht Theater spielen würden.*[45]

Der Krieg, die Revolution und die Weimarer Republik waren eine entscheidende Umbruchssituation für die Familie Mann, speziell für ihre beiden literarischen Repräsentanten. Thomas Manns Haltung kommt in einem Brief an Heinrich Mann vom 7. August 1914, also wenige Tage nach Kriegsbeginn, gut zum Ausdruck: *Ich bin noch immer wie im Traum, – und doch muß man sich jetzt wohl schämen, es nicht für möglich gehalten und nicht gesehen zu haben, daß die Katastrophe kommen mußte. Welche Heimsuchung! Wie wird Europa aussehen, innerlich und aeußerlich, wenn sie vorüber ist? [...] Muß man nicht dankbar sein für das vollkommen Unerwartete, so große Dinge erleben zu dürfen? Mein Hauptgefühl ist eine ungeheuere Neugier – und, ich gestehe es, die tiefste Sympathie für dieses verhaßte, schicksals- und rätselvolle Deutschland, das, wenn es «Civilisation» bisher nicht unbedingt für das höchste Gut hielt, sich jedenfalls anschickt, den verworfensten Polizeistaat der Welt zu zerschlagen.*[46]

Heinrich Mann dachte von Beginn an anders. Er war einer der wenigen Intellektuellen von Rang, der sich keinen Segen von diesem Krieg versprach. Er sah in der fast alle Künstler ergreifenden Idee vom sogenannten Kulturkampf gegen die Zivilisation des Westens eine ideologische Verblendung: *Der Krieg bricht aus. Sie haben ihn nicht gewollt. Sie haben nur so gelebt, daß er kommen mußte. Sie sind nicht schuldig, denn man lebt doch, wie man geschaffen ist, – und das Reich hat sie geschaffen. Sie haben den Frieden gewollt, aber er starb ihnen sehr gelegen. Sie kommen auf einmal aus allen Verlegenheiten und kürzen durch einen Krieg, selbst wenn er verlustreich wäre, immer noch um ein Menschenalter den Weg ab, der sie zur vollendeten Weltherrschaft führt. Sie sind ihrer Sache sicher und triumphieren, weil man sie «angreift» so wahr wie 1870. Auch die anderen machen endlich einen Fehler, und der entscheidet. In den Ränken des Friedens konnten sie uns gefährlich werden. Jetzt*

Kriegsausbruch, August 1914: Begeisterte Menschen vor der Feldherrnhalle in München

haben sie das Spiel aus der Hand gegeben. Der Geist von 1914 war Triumph – und war es in Deutschland allein.[47]

Die Jahre von 1914 bis 1922 waren für Thomas Mann vor allem Jahre des weltanschaulichen Wandels. Geschichte und Politik interessierten ihn bis zum Krieg nur, solange sie der Kultur einen festen und stabilen Lebensrahmen garantierten, aus dem der Künstler die Materialien für seine Werke auswählen konnte. Seine strikte Trennung von Staat und Kunst vor 1914 ließ Politik und Geschichte für den Künstler Thomas Mann als fixe Größe erscheinen, deren Existenz man hinzunehmen hatte. Es ist diese Sicht des Politischen, die den Schock des Weltkriegs hervorruft und Thomas Mann dazu zwingt, die *Betrachtungen eines Unpolitischen* zu schreiben. Der Titel ist glänzend gewählt. Einer, der sich nie um Politik gekümmert hat, nicht darum kümmern mußte, tut dies nun gezwungenermaßen, und er tut dies auf eine durchaus problematische Art und Weise. Er schlägt sich auf die Seite des Staates, verteidigt den Ersten Weltkrieg und schwelgt in einem üblen Chauvinismus. Daran gibt es nichts zu deuten oder zu beschönigen.

Heinrich Manns Haltung zum Krieg war konträr, und daran entzündete sich dann auch der Bruderzwist in den Jahren 1915 bis 1922. Klaus Mann hat das aus der Sicht der Familie beschrieben: *Der Windmühlenfeind, gegen den das schwere Geschütz der «Betrachtungen» aufgefahren wird, ist eine mysteriöse Figur – der «Zivilisationsliterat». Sein Name bleibt ungenannt, aber diese Anonymität ist nur eine scheinbare. Denn die langen Passagen, die aus den Schriften des Widersachers zitiert werden, stammen wörtlich aus einem Essay von Heinrich Mann. Seine biographische Studie über Emile Zola war im ersten Kriegsjahre erschienen, als die Wogen des Chauvinismus am höchsten gingen. Während die ganze Nation sich an den Heldentaten unserer unbesiegbaren Armee begeisterte, wagte Heinrich Mann, dem unbesiegbaren Geist des französischen Kämpfers und Dichters ein literarisches Denkmal zu setzen. […] Aber richten Heinrich Manns schwungvolle Invektiven sich wirklich nur gegen die französischen Militaristen und Obskurantisten des ausgehenden neunzehnten Jahrhunderts? Waren seine Anwürfe nicht auch auf gewisse Zeitgenossen gemünzt? So jedenfalls empfand es der reizbare Verteidiger der unpolitisch-musikalisch-pessimistischen Kultur. Die anspielungs- und beziehungsreiche Zola-Beschwörung des Bruders traf und verletzte ihn wie ein persönlicher Angriff. [...] Das politisch-weltanschauliche Zerwürfnis erreichte bald einen solchen Grad von emotioneller Bitterkeit, daß jeder persönliche Kontakt unmöglich wurde. Die beiden Brüder sahen einander nicht während des ganzen Krieges.*[48]

Wie so oft in der Familie Mann weitet sich das Persönliche jedoch ins Politische, ins Zeithistorische aus. Dafür ist der Bruderstreit ein besonders eindrucksvolles Beispiel, wie in einer der ersten Rezensionen der *Betrachtungen eines Unpolitischen* deutlich wird, die von dem bekannten Kulturwissenschaftler Egon Friedell stammt: «Nun, dieses Werk ist von seiner ersten bis zur letzten Zeile ein einziger großer ‹deutscher Bruderkrieg›. Zwei Tendenzen der Menschheit, ewig wie die Menschheit, einseitig und zwiespältig wie die Menschheit, beide berechtigt, beide zeitgemäß und beide deutsch, stehen sich hier gegenüber, jede mit dem Anspruch, das wahre, echte und innerliche Deutschtum zu verkörpern. Beide Brüder sind lange Zeit freundschaftlich nebeneinander gegangen, bis der Weltkrieg auch sie entzweite; aber er war vielleicht doch wohl nur der äußere Anlaß zur Scheidung. Zwei so starke und dabei so nahe Kräfte müssen eines Tages dazu kommen, sich aneinander zu reiben; und s o l l e n sich reiben. [...] Und wenn Thomas Mann jetzt auch sehr böse werden sollte: ich kann mich des Eindrucks nicht erwehren, daß er diesen Bruder, den er aufs bitterste negiert, bekämpft, ja verachtet, den er zur teuflischen Inkarnation alles Verwerflichen und Verabscheuungswürdigen hinaufstilisiert hat, trotzdem immer noch liebt, wie Lessing Voltaire geliebt hat bis übers Grab hinaus und Nietzsche Wagner geliebt hat bis in seine Geistesumnachtung hinein, und daß er ihn immer lieben wird, als den großen brüderlichen Gegenstern, mit dem gemeinsam, wenn auch polar er doch stets um dieselbe Sonne zu kreisen bestimmt ist, die Sonne der Kunst. Wir aber, die beglückten Zuschauer dieses pittoresken und exzitierenden Seelenschauspiels, freuen uns von Herzen, daß Deutschland zwei solche Kerle besitzt.»[49]

Die familiäre Sicht des Konfliktes brachte besonders die Mutter zur Verzweiflung. Sie hatte sich immer um Vermittlung bemüht. Nicht zufällig schreibt sie im Januar 1918 an Heinrich Mann, der sich nicht nur in dieser Auseinandersetzung als der menschlich hochherzigere und kompromißbereitere der Brüder erwies:

Lieber Heinrich!
Das hat mir eine traurige Enttäuschung bereitet! Dein Brief war mein letzter Hoffnungsanker. [...] Nun glaube ich auch nicht mehr, daß m e i n Tod Euch alle wieder vereinigen wird, da es Carla's Tod nicht einmal vermochte; nun mußt Du so wie ich uns mit dem Gedanken abfinden, daß das, was nun noch von Deiner Seite geschah, das Letzte, deutlich G u t e s Wollende, war. Aber es war gut, daß Du es tatest!

Lebensdaten Julia Mann

1851 Geb. da Silva-Bruhns am 14. August bei Paraty in Brasilien als Tochter eines lübeckischen Kaufmanns und einer portugiesischstämmigen Gutsbesitzerstochter
1856 Tod der Mutter
1858 Überfahrt nach Lübeck
1869 Heirat mit Thomas Johann Heinrich Mann
1871 Geburt des ersten Sohnes Heinrich (weitere Kinder: 1875 Thomas; 1877 Julia; 1881 Carla; 1890 Viktor)
1891 Tod des Ehemannes
1893 Umzug mit den drei jüngsten Kindern nach München. Ab 1903 wechselnde Wohnsitze in Polling, Augsburg und München
1903 Niederschrift der Kindheitserinnerungen «Erinnerungen aus Dodos Kindheit»
1910 Selbstmord der Tochter Carla
1923 Gestorben am 11. März in Weßling in Oberbayern

Nun bitte ich Dich recht herzlich, alles, a u c h i n S c h r i f t e n, ruhen zu lassen, u. nicht die S p u r einer Kritik den Augen Unberufener, die nur Sensation aus dem Zwist zweier großer Brüder machen, auszusetzen. Mit D i r sprach ich nun z u l e t z t über diese für mich so traurige Sache, mit T. n i c h t mehr, so lieb ich ihn habe, ich hätte d o c h erwartet, daß er auf gegenseitige Verzeihung hin Versöhnung willkommen heißen werde. Also, lieber guter Heinrich, ich bleibe Dir, was ich war, u. nie aufgehört habe zu sein, u. hoffe, Dich bald wiederzusehen.

Mit herzlichen Grüßen! Deine Mama [50]

Wie stand es nun um die Familienverhältnisse bei Heinrich und Thomas Mann am Ende des Krieges und zu Beginn der zwanziger Jahre?

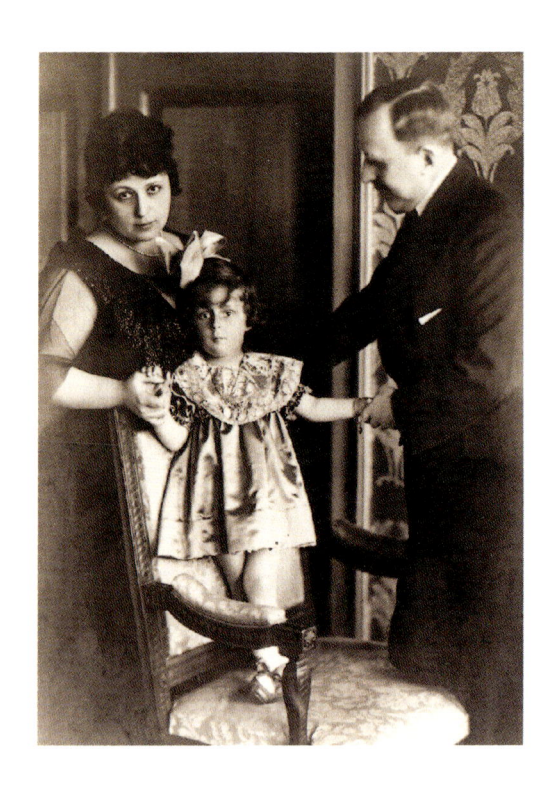

Heinrich Mann
mit Ehefrau
Maria und
Tochter Leonie,
um 1920

Heinrich hatte 1914 Maria (Mimi) Kanová geheiratet, eine aus Prag stammende Schauspielerin. 1916 wurde die einzige Tochter Leonie geboren. Das Paar trennte sich 1928. Maria Kanová ging mit ihrer Tochter zurück nach Prag. Von 1940 bis 1944 war sie wegen ihrer jüdischen Herkunft im Konzentrationslager Theresienstadt interniert. Sie starb 1947 an den Folgen der dort erlittenen Folter.

Heinrich Mann, der bis dahin nur in den Kreisen der literarischen Avantgarde eine gewisse Rolle gespielt hatte, wurde nun – in den Jahren der Weimarer Republik *– so etwas wie der Repräsentant einer politischen Bewegung.*[51] Diese Bemerkung Klaus Manns wird durch Viktor Mann bestätigt. Auch Viktor hatte im Jahre 1914, wenige Wochen vor Heinrich, geheiratet, und er war es, der indirekt den Kontakt zwischen den Brüdern aufrechterhielt, indem er weiterhin bei beiden verkehrte. Heinrich Mann wohnte in Schwabing, in der Leopoldstraße. Dort, so Viktor Mann, *war immer eine bunt gemischte und vielseitig interessierte Gesellschaft anzutreffen*[52]. Erich Mühsam, der seine Jugend ebenfalls in Lübeck verbracht hatte, war oft zu Gast. *Und da waren Wilhelm Herzog, der Literat, Max Oppenheimer, der Maler, Gustl Waldau, Tilly Wedekind, Arthur Schnitzler.*[53]

Bei Thomas Mann wuchs die Familie indes weiter an. 1918 und 1919 war das dritte «Pärchen», wie Katia Mann es nannte, waren Elisabeth und Michael Mann zur Welt gekommen. Speziell zur jüngsten Tochter entwickelte Thomas Mann ein besonders inniges Verhältnis. An die Lübecker Freundin Ida Boy-Ed schreibt er über das vier Monate alte Kind: *Die Kleine ist ein sensitives kleines Wesen, aber reizend, wenn ich urteilen darf. Ich habe für keins der früheren Kinder so empfunden, wie für dieses.*[54] Seinen literarischen Niederschlag hat diese enge Vater-Tochter-Beziehung in der Hexameterdichtung *Gesang vom Kindchen* (1919) gefunden.

Wie sich das alles aus Kindersicht darstellte, faßt Klaus Mann für diese Zeit folgendermaßen zusammen: *Dank der Ankunft des neuen Pärchens avancierten Golo und Monika zum Stande der «Mittleren», während Erika und ich fast zum Erwachsenen-Rang befördert wurden. Angesichts der winzigen Kreaturen kamen wir uns recht würdig und überlegen vor, fast wie Onkel und Tante. [...] Elisabeth war der erklärte Liebling des Vaters; Mielein, um das Gleichgewicht herzustellen, verzärtelte ihren Jüngsten. Die beiden Kleinen nahmen in erheblichem Maß die elterliche Zärtlichkeit in Anspruch, woraus sich natürlich für uns ein gewisser Verlust ergab. Wir erkannten die Unvermeidlichkeit dieses Vorgangs und akzeptierten ihn so gelassen wie möglich. Für Golo und Monika war die Lage besonders heikel; denn da sie sich ja ihrerseits schon in mittleren Jahren befanden, konnten sie mit der erlesenen Niedlichkeit von Medi und Bibi nicht mehr konkurrieren, ohne es aber mit uns, den Großen, an Vitalität und Abenteuerlust aufzunehmen.* Dies sei besonders für Golo problematisch gewesen, der sich gegen die *Großen einen eigenen Stil und sein eigenes Idiom schaffte. Dabei blieb er, obwohl er an den Spielen der Großen teilnahm, von einem un-*

Katia Mann mit ihren sechs Kindern 1919: Monika, Golo, Michael, Klaus, Elisabeth und Erika (v. l. n. r.)

durchdringlichen Gemüt: *Er war es, dem ich all meine Phantasien, Sorgen und Pläne anvertraute, denn er konnte gut zuhören, eine seltene Gabe, selbst bei reifen Männern und Frauen.*[55]

Weiterhin präsent blieb die Politik. Heinrich Mann bejahte die Revolution von 1918/19 und die Räterepublik. Dies hing zusammen mit der Persönlichkeit eines Mannes, der für einen kurzen Augenblick die Synthese von Literatur und Politik möglich erscheinen ließ: Kurt Eisner. Die drei Monate der Regierung Eisner zu Beginn des Jahres 1919 in München stellten in den Augen Heinrich Manns jenen immer erträumten historischen Augenblick dar, in dem für einen kurzen Moment das Ideal und seine geschichtliche Verwirklichung zusammenfielen. *Die hundert Tage der Regierung Eisners haben mehr Ideen, mehr Freuden der Vernunft, mehr Belebung der Geister gebracht als die fünfzig Jahre vorher. Sein Glaube an die Kraft des Gedankens, sich in Wirklichkeit zu verwandeln, ergriff selbst Ungläubige.*[56]

Eisner war für Heinrich Mann der Idealfall des Menschen, bei dem Geist und Tat bruchlos zusammengingen. Was bei anderen Revolutionären mit Entsetzen konstatiert werden mußte, die Korruption durch die Machtlosigkeit im wilhelminischen Reich, findet sich bei Kurt Eisner nicht. Er überstand diese schwere Zeit, hielt das Ideal hoch und war von daher in der Lage, den Gedanken zur Tat zu machen, als die historische Stunde es ermöglichte. In diesem Sinne war er für Heinrich Mann der *erste wahrhaft geistige Mensch an der Spitze eines deutschen Staates*[57].

Aber die Wirklichkeit ließ sich nicht vollständig ausblenden. Eisner war im Grunde mit seiner politischen Linie – Festhalten an der Rätedemokratie und dennoch Wahlen zum bayerischen Landtag – gescheitert. Der Tod Eisners und die politischen Folgen änderten dann auch Heinrich Manns Haltung zur Revolution. Er versuchte nun eine gemäßigte Position einzunehmen.

Die Weimarer Republik wurde nicht der Staat, den er sich erträumt hatte. Heinrich Mann brachte sein eigenes Dilemma am besten auf den Begriff. Zwar wandte er sich in den nachfolgend zitierten Zeilen an seine intellektuellen Mitstreiter, aber der eigentliche Adressat scheint er selbst zu sein. Fast glaubt man, er wolle sich Kraft zusprechen und eine Haltung des «Trotzdem» möglich machen: *Sie mißfällt euch? Demokratie war schöner, als sie nur ein Schlagwort der Opposition war? So sieht sie aus, wenn sie wird: so, ein Arbeiter, der an die Spitze des Staates gelangt, so, seine Genossen, die noch hinauf wollen. [...] Entzieht euch der Demokratie nicht, sie würde verarmen. Arbeitet an ihr, nach dem Antlitz eures Gottes, des Geistes! Ihm macht sie ähnlich, nur dies sei euer Teil: arbeitend den einzigen Kampf zu kämpfen, dessen Spuren diese Erde bewahrt.*[58]

Auch Thomas Mann blieb nicht in seinem demokratiefeindlichen Konservatismus befangen, sondern überwand ihn in den folgenden Jahren. Freilich war es ihm nicht möglich, einfach einen politischen Frontwechsel zu vollziehen, sondern dieser mußte verbunden werden mit den unverrückbaren ästhetischen und erotischen Dispositionen. Es galt mithin, die Einheit der Person zu wahren, auf die sich sein Schreiben gründete. Im essayistischen Werk wird dies ausgesprochen in der Rede *Von Deutscher Republik*, im erzählerischen Werk trägt der *Zauberberg* die Spuren dieser sich verändernden Haltung gegenüber der politischen Gegenwart.

Der *Zauberberg* erschien 1924 und war künstlerischer Abschluß eines jahrelangen und schwierigen geistigen Entwicklungsprozesses. Erst von dieser Zeit an gelang Thomas Mann das, was der Bruder schon vor dem Krieg vollzogen hatte: Die Anerkennung der Tatsache, daß es auch für Deutschland an der Zeit war, sich von einem Untertanenstaat hin zu einer modernen Demokratie zu entwickeln. Dies hat seinen Niederschlag in der Geschichte des schlichten und mehrmals mittelmäßig genannten Helden Hans Castorp gefunden. In Hamburg aufgewachsen, bricht dieser im Jahre 1907 nach Davos auf, um seinen an Lungentuberkulose erkrankten Vetter Joachim Ziemßen für drei Wochen zu besuchen. Aus den drei Wochen werden schließlich sieben Jahre, die er auf dem verzauberten Berg verbringt. In einem Traum schaut Hans Castorp einmal das Bild einer idealen Gesellschaft. Der einzige kursiv gesetzte Satz des Romans faßt seine Abwendung von der romantischen Todesverbundenheit hin zu einer republikanischen Menschenfreundlichkeit zusammen: *Der Mensch soll um der Liebe und Güte willen dem Tode keine Herrschaft einräumen über seine Gedanken.* (GW III, 686) Der Roman wurde dann auch von großen Teilen der Kritik in diesem Sinne verstanden und nach den *Buddenbrooks* der zweite große Welterfolg Thomas Manns. So folgten sehr bald schon Übersetzungen in die wichtigsten Kultursprachen.

In der Rede *Von Deutscher Republik* aus dem Jahre 1922, die in einem ganz engen gedanklichen Zusammenhang mit dem *Zauberberg* steht, findet sich im letzten Teil ein ausführlicher Abschnitt, der auf den ersten Blick seltsam anmutet. Er handelt, in den Worten Thomas Manns, über *jene Zone der Erotik, in der das allgültig geglaubte Gesetz der Geschlechtspolarität sich als ausgeschaltet [...] erweist* (XI, 847). Thomas Mann läßt keine Zweifel daran, daß dies zum politisch grundierten Thema der Rede gehört. Um diesen engen Zusammenhang von Homosexualität und Politik auszudrücken, greift er auf das Kriegserlebnis

Heinrich und Thomas Mann, in den zwanziger Jahren

zurück. Er betont den untergründig homosexuellen Charakter der demokratischen Männerbünde und folgert daraus, *daß Beziehungen solcher Art den geheimen Kitt monarchistischer Bünde bilden* (XI, 848). An dieser Tatsache setzt Thomas Mann nun an. Er geht davon aus, daß ein demokratischer Wandel in Deutschland nur Aussicht auf Erfolg haben kann, wenn man diese

Männerbünde demokratisiert. Anders formuliert: wenn die Demokratie nicht mehr mit der Weiblichkeit, sondern mit der Männlichkeit zusammengebracht wird. Dies geschieht in der Rede über den Demokratiebegriff des amerikanischen Lyrikers Walt Whitman, der die Demokratie mit dem männlichen Freundschaftsbund in engem Zusammenhang sah.

Ähnliches geschieht, literarisch gebrochen und vermittelt, auch im *Zauberberg*. Das Kapitel *Schnee* etwa gründet auf den Jünglingsbildern von Ludwig von Hofmann und gestaltet, trotz der vorkommenden Mädchen, einen Jünglingsbund. Der Bund zwischen Männern ist ein zentrales Strukturelement im Roman. Erwähnt sei der zwischen Hans Castorp und Settembrini und später auch mit Peeperkorn.[59] Und das einzige Liebeserlebnis des Romans ist nur vordergründig ein heterosexuelles. Der Bleistift, den Madame Chauchat Hans Castorp zurückgibt, weist auf ein frühes Erlebnis des Helden zurück, die Liebe zum Mitschüler Willri Timpe in Lübeck. Auch das Schlußbild des *Zauberbergs* hat eine besondere Bedeutung: Die *dreitausend fiebernden Knaben* (GW III, 991), mit denen Hans Castorp dem Leser aus den Augen kommt, werden ausdrücklich mit den jungen Männern des Schneetraums in Verbindung gebracht. Sie werden als *ein Körper* (GW III, 991) bezeichnet und können als Vorschein jenes *Traums von Liebe* (GW III, 994) verstanden werden, den der Roman am Ende als eine vage Hoffnung evoziert. Auch *Der Zauberberg* erweist sich, so gelesen, in politicis als von der sexuellen Eigenart Thomas Manns gespeist. Freilich haben sich die Vorzeichen verkehrt. Was in der Zeit der *Betrachtungen eines Unpolitischen* die soldatischen Männerbünde waren, symbolisierten nun die demokratischen Freundschaftsbünde.

Letztlich waren damit in der zweiten Hälfte der zwanziger Jahre die Gewichte zwischen den Brüdern wiederhergestellt. Nach dem Krieg hatte es eine kurze Zeit gegeben, zum einzigen Mal im Leben der Brüder, in der Heinrich Mann den Jüngeren an literarischer Popularität überholte. Der Grund war sein Roman *Der Untertan*, Heinrich Manns erfolgreichstes Buch überhaupt. Dieser Erfolg war auf das engste mit der Zeitgeschichte verknüpft. Entstanden zwischen 1907 und 1914, erschien der Roman im Jahr des Kriegsausbruchs in einer illustrierten Wochenzeitschrift. Am 13. August mußte der Vorabdruck abgebrochen werden, und das Werk konnte erst nach Kriegsende vollständig erscheinen. Es wurde also nach der

Die Quelle. Ölgemälde von Ludwig von Hofmann. Thomas Mann kaufte das Bild 1914; es hing bis zu seinem Tod in seinem Arbeitszimmer

deutschen Niederlage veröffentlicht, in den Wirren der Revolution und den Gründungswehen der ersten deutschen Republik. Dieses Zeitklima hat gewiß mit dazu beigetragen, daß der Roman in den ersten Wochen nach seinem Erscheinen fast hunderttausendmal verkauft wurde.

Der Roman erzählt die Geschichte von Diederich Heßling. Dargestellt wird die Karriere eines Mannes, der vom Besitzer einer kleinen Papierfabrik zum einflußreichen Politiker in der Provinzstadt Netzig aufsteigt. Von einem politischen Gegner wird er folgendermaßen charakterisiert: *Schwach und friedfertig von Natur, übt er sich, eisern zu scheinen, weil in seiner Vorstellung*

Bismarck es war. Und mit unberechtigter Berufung auf einen noch Höheren wird er lärmend und unsolide.[60]

Kurt Tucholsky hat, wie viele andere, dem Buch höchsten Rang zugebilligt und es als «das Herbarium des deutschen Mannes» bezeichnet. «Hier ist er ganz: in seiner Sucht, zu befehlen und zu gehorchen, in seiner Roheit und in seiner Religiosität, in seiner Erfolgsanbeterei und in seiner namenlosen Zivilfeigheit.» Und noch etwas stellte Tucholsky, stellvertretend für die vielen Leser und Bewunderer Heinrich Manns in der Weimarer Republik, fest: «die Sehergabe», denn «so haarscharf ist das Urteil, bestätigt von der Geschichte».[61] Diese «Stimme des Volkes» blieb auch Thomas Mann nicht verborgen, wie sein Tagebuch in diesen Jahren belegt. *K. belauschte Gespräch zweier «Herren» d. h. Äußerung des Einen davon («davon» ist richtiger, als «von ihnen») über den «Unterthan»: «Wirklich ein sehr empfehlenswertes Buch. Wenn es wahr ist, daß er es 1914 beendet hatte, so hat es wirklich etwas Hellseherisches. Wie er den Kaiser durchschaut hat! Sein Styl war sonst recht künstlich, und eigentlich mag ich den Anderen (mich) lieber. Aber dies ist sehr glatt geschrieben.»*[62]

Eine entscheidende Änderung im Familienleben der Manns brachte der 22. Oktober 1925. An diesem Abend hatte in Hamburg Klaus Manns erstes Theaterstück *Anja und Esther* Premiere. Es war kein großes Stück, sondern ein Werk voller unausgegorener Religiosität und mit einem hochgreifenden philosophischen Anspruch, den der junge Autor noch nicht einlösen konnte. Klaus Mann wollte sich zum Sprecher einer jungen Generation machen, den Konflikt von Alt und Jung thematisieren. Die Sünde bildet eine der zentralen Kategorien des Stückes, das ansonsten den weltanschaulichen Bogen in einer maßlosen Exzentrik von Nietzsche bis hin zu Jesus Christus schlägt. Obwohl die Kritik hauptsächlich negativ urteilte, wurde das Stück ein Erfolg, wozu eine spezifische Personenkonstellation beitrug: Neben Erika und Klaus Mann selbst standen Gustaf Gründgens, den Erika Mann am 24. Juli 1926 heiraten sollte, und Pamela Wedekind, die Tochter Frank Wedekinds, als Darsteller auf der Bühne. Was den Reiz für die Spielenden, aber

Erika Mann, Klaus Mann, Pamela Wedekind und Gustaf Gründgens

auch für das Publikum ausmachte, war das Changieren zwischen Realität und Spiel, das Überwinden der traditionellen Grenzen von Literatur und Leben. Die «Dichterkinder» auf der Bühne – das war das Besondere der theatralischen Aktion! Die vier nahmen das Ganze zudem nicht so ernst. Das bezog sich nicht nur auf das Stück, sondern auch auf die privaten Beziehungen.

Diese Grenzüberschreitung von Privatem und Künstlerischem trieb Klaus Mann dann in seinem nächsten Stück, *Revue zu Vieren*, auf die Spitze. Die persönliche Konstellation aus der Lebenswirklichkeit war ganz direkt in die Handlung aufgenommen worden. Zwei junge Paare begegnen sich: Auf der einen Seite ein Schriftsteller und eine Hutmacherin, auf der anderen ein Regisseur und eine Schauspielerin. Man will mit einer großen Revue die Probleme des Zeitalters lösen, und das Stück schildert die Vorbereitungen, den großen Apparat, den man aufbietet. Alles mündet in ein Fiasko: Das Publikum zwingt mit seiner negativen Reaktion die Schauspieler in die

Flucht. So war es dann auch in der Realität nach der Premiere am 21. April 1927. «Man prügelte sich noch lange in den schon dunklen Fluren», schrieb Erich Ebermayer.[63] Die Folgen waren drastisch: «Der Bonus der ‹Dichterkinder› war endgültig verspielt. Die Kritiker, die nach *Anja und Esther* immerhin noch wohlwollend gewesen waren, nahmen nun kein Blatt mehr vor den Mund. ‹Die Dichterkinder etablieren sich als Generation›, dabei seien sie nichts anderes als ‹kindliche Greise›. Eine ‹Limonadenjugend›, ‹lebende Magazinbilder› nannte Herbert Jhering die Spieler und ihr Stück, und Kurt Pinthus empfahl ihnen dringend, hinter die Kulissen zu gehen, von der Bühne abzutreten, um vielleicht später ‹ohne die berühmten Kinderschuhe› wieder zu erscheinen.»[64]

Und wie reagierte der Vater darauf? *Was ich mir nicht genügend klarmachte, oder worauf ich nicht genügend Rücksicht nahm, war die Tatsache, daß meine unbedenkliche Exzentrizität allerlei Peinlichkeiten auch für den berühmten Vater mit sich brachte. Sein Name tauchte, wie sich von selbst versteht, in fast jedem der satirisch-polemischen Kommentare auf, mit denen die deutsche Presse mich damals so reichlich bedachte. Ich erinnere mich einer Zeichnung im «Simplizissimus» – einer nicht sehr freundlichen Karikatur von der Meisterhand des Th. Th. Heine –, auf der ich hinter dem Stuhl meines Vaters stehend dargestellt bin. Er wirft mir einen mißtrauischen Blick über die Schulter zu, während ich schnippisch bemerke: «Man sagt, Papa, daß geniale Väter keine genialen Söhne haben. Also bist du kein Genie.» Und der Dichter Bertolt Brecht, der weder meinen Vater noch mich ausstehen konnte, begann einen launigen Artikel in der Berliner Zeitschrift «Das Tagebuch» mit folgender Pointe: «Die ganze Welt kennt Klaus Mann, den Sohn von Thomas Mann. Wer ist übrigens Thomas Mann?»*[65]

Klaus Manns Beschreibung der Haltung des Vaters gegenüber der Tatsache, daß nun auch seine beiden ältesten Kinder Personen des öffentlichen Lebens, des Feuilletons wurden, hängt auf das engste mit den von allen Familienmitgliedern immer wieder beschriebenen Erziehungsgrundsätzen Thomas Manns zusammen: *Es war eine Haltung von ironischem Wohlwollen und abwartender Reserviertheit, halb skeptisch, halb belustigt.*

Ich glaube nicht, daß er sich jemals ernste Sorgen um mich gemacht hat. Davor bewahrte ihn nicht nur seine natürliche Indifferenz und Detachiertheit, sondern wohl auch sein Vertrauen in meine Intelli-

Karikatur aus den «Leipziger Neuesten Nachrichten», 19./20. Mai 1929: «Die Familie Mann, Heinrich, Thomas, Klaus und Erika, marschiert unter dem Ruf ‹Selbst ist der Mann› geschlossen in Weimar ein, um dort ihren eigenen Dichtertag abzuhalten»

genz und meine gesunden Instinkte; aber meine Extravaganzen mögen ihm zuweilen mehr auf die Nerven gegangen sein, als er zeigen oder als ich bemerken wollte. Indessen blieb er stets bei seinem alten pädagogischen Prinzip, welches darin bestand, sich nicht einzumischen, sondern nur durch das Beispiel der eigenen Würde und Diszipliniertheit indirekt Einfluß zu üben. Wie fragwürdig und gewagt wir es auch treiben mochten, er schaute zu.[66]

Wir werden sehen, daß auch Monika Mann dies ähnlich empfunden hat. Golo jedoch hat wohl unter diesem «Liberalismus der Nichteinmischung» gelitten, sich manchmal gewünscht, daß sich der Vater direkter und unmittelbarer um die Kinder gekümmert hätte. Es war die Mutter, die dies erkannte und Golo die Möglichkeit verschaffte, fernab von München sich zu entwickeln und das Abitur zu machen. Von 1923 bis 1927 besuchte Golo das Internat in Schloß Salem. Der Schulleiter Kurt Hahn machte tiefen Eindruck auf ihn, und der Kontakt riß auch später nicht ab. Von 1927 bis 1933 studierte Golo Mann in München, Berlin, Paris und vor allem Heidelberg Geschichte und Philosophie.

Das Anregende des Elternhauses, die vielen Gäste und Berühmtheiten, die man kennenlernte, hat aber auch Golo Mann geschätzt. Klaus Mann dazu: *Jeder von uns brachte seine Freunde mit: Michael und Elisabeth, die in München zur Schule gingen, führten ihre halbwüchsigen Kameraden ein; Monika, die stillste von uns allen, empfing ihre wenigen Intimen zum trauten Kaffeeklatsch; Golo kam aus Heidelberg, wo er bei Professor Jaspers Philosophie studierte, mit ernsten Kommilitonen. Und um Erika und mich herum gab es immer Betrieb. Manchmal glich unser Haus einem zwanglosen Hotel auf dem Lande oder dem Hauptquartier einer munteren Verschwörerbande. […]*

In der allgemeinen Konfusion gab es nur einen Menschen, der die mannigfachen Dramen und Interessen der verschiedenen Hausbewohner und Gäste in ihrer Gesamtheit überschaute: meine Mutter. Sie schien die einfachsten Dinge zu vergessen oder durcheinanderzubringen, hatte in Wirklichkeit aber das organisatorische Genie, das nicht aus dem Kopf kommt, sondern aus dem Herzen. Während ihr Hauptinteresse stets dem Wohlergehen und Werk des Vaters galt, brachte sie es doch fertig, sich auch unserer Affären hilfreich anzunehmen und den Freunden mit herzlicher Sympathie und klugem Rat beizustehen. […] Das ganze Haus kam zu ihr – jeder mit seinen Sorgen, Hoffnungen und Beschwerden.[67]

Aus alldem geht hervor, daß das Haus in der Poschingerstraße der Fixpunkt des Familienlebens war. Hier lebten nicht nur die Eltern, sondern hier war im einfachsten Sinne des Wortes für jeden Platz. Und ein solches Haus gab es immer im Leben der Familie Mann – daran konnte auch die Herrschaft Adolf Hitlers nichts ändern. Während der Exiljahre lag es eben in der Schweiz, erst in Küsnacht und später in Kilchberg, am anderen Ufer des Zürichsees; dazwischen in Princeton und in Pacific Palisades in den USA.

Die besondere Bedeutung des Elternhauses illustriert eine kleine von Klaus Mann überlieferte Familienepisode: *Ich sehe mich die steinernen Stufen vom Eingang unseres Hauses herunterkommen und den Garten durchqueren, während Hans, der Chauffeur, mich draußen in der Föhringer Allee beim offenen Wagen erwartet. Es ist eine meiner vielen Abreisen, ich weiß nicht, wohin ich*

Das Haus in der Poschingerstraße

fahre. Ich fahre irgendwohin, ich trage meinen Handkoffer, ein paar Bücher, den Regenmantel. Gerade da Hans mit einer höflichen kleinen Verbeugung den Wagenschlag für mich öffnet – «Zum Hauptbahnhof, Herr Klaus?» –, erscheint mein Vater am Fenster seines Schlafzimmers im ersten Stock. Es muß vier Uhr nachmittags sein – seine Ruhestunde. Er trägt seinen dunklen Schlafrock, eine schöne Robe aus blauem Brokat, in der er sich fast niemals vor uns sehen läßt, und ist eben dabei, die Jalousien herunterzulassen. Aber er unterbricht sich in seiner Hantierung, da er den Wagen, das Gepäck, den Chauffeur und mich drunten in der Allee bemerkt. Wie deutlich ich das Bild vor Augen habe! Der Vater dort droben, im Rahmen des offenen Fensters ... Und nun winkt er mir zu, mit einem müden und ernsten Lächeln.

«Viel Glück, mein Sohn!» sagte der Vater, mit halb scherzhafter Feierlichkeit. «Und komm heim, wenn du elend bist!»[68]

Natürlich ist dieses Bild verklärt. Thomas Mann hat darauf in seinem Brief vom 2. September 1942, anläßlich des Erscheinens der Originalfassung der Autobiographie Klaus Manns unter dem Titel *The Turning Point*, hingewiesen und den Sohn davor gewarnt, daß die Kritik ihm sicher die *familiante Zutraulichkeit dieser Confessions* verübeln werde. Das hat ihn aber nicht gehindert, den substantiellen Kern des Vater-Sohn-Verhältnisses noch einmal durch eine gezielte Motivwiederholung zu verstärken. So heißt es gegen Ende des Briefes: *Lebe recht wohl! Und immer kann ich nur wiederholen, was ich am Fenster sagte.*[69]

Das rasante Tempo, die Modernisierung und Internationalisierung der deutschen Gesellschaft in den «goldenen zwanziger Jahren» genossen vor allem Klaus und Erika Mann. Für sie war diese Art zu leben, sich auf das Heute zu konzentrieren, ohne nach bürgerlicher Sicherheit, nach dem Morgen zu fragen, die ideale Lebensform. Aber sie hatten durch die Familie auch die finanzielle Sicherheit, in dieser Weise leben zu können. So unternahmen sie etwa von Oktober 1927 bis zum Sommer 1928 eine Weltreise, die durch die gesamten USA, nach Honolulu, Japan, Korea und Rußland führte. Den beiden fiel immer etwas ein, um von zu Hause, durch Freunde oder mit kurzfristiger Arbeit zu Geld zu kommen. So sorgten sie in der amerikanischen Presse für eine geniale Publicity, indem sie sich als *The Literary Mann Twins* präsentierten. Das gab die Möglichkeit zu gutbezahlten Vorträgen, die sie annahmen und zustande brachten, ohne zu Beginn ausreichend Englisch zu können. Weihnachten feierte man bei Emil Jannings in Hollywood, im Beisein von Conrad Veidt und anderen Berühmtheiten. Am Ende fand sich die Familie am Bahnhof in München ein, um die Weltreisenden abzuholen, sogar der Vater war mitgekommen. *Und es war elf Uhr vormittags – seine Arbeitszeit!*[70]

Klaus Mann war auch sonst viel auf Reisen in diesen Jahren. Besonders gern hielt er sich in Paris auf, wo er Jean Cocteau und vor allem André Gide kennenlernte. Letzterer wurde als Schriftstellertypus eine Art Vaterersatz für ihn – vor allem deshalb, weil er ganz anders lebte und schrieb als Thomas Mann. Gide wurde zum Vorbild für das angestrebte Zusammenführen von Kunst und Leben. *Sein Beispiel zeigte mir, daß es möglich ist, eine stupende Vielfalt widerspruchsvoller Impulse und Traditionen in sich zu vereinen, ohne deshalb in Anarchie abzugleiten; daß es eine Harmonie gibt, in der die Dissonanzen zueinanderfinden, ohne sich je zu lösen oder aufzuheben.* In genau diesem Sinne galt Gide Klaus Mann als *der gute Europäer par excellence.*[71] Und in genau diesem Sinne wollte auch Klaus Mann als Europäer verstanden werden. Er ahnte damals noch nicht, wie bald er Gelegenheit bekommen sollte, beweisen zu müssen, daß aus den Widersprüchen auch der Widerstand hervorwachsen kann.

Noch war von Hitler als realer Bedrohung wenig zu spüren. Erika Mann arbeitete als Schauspielerin, unter anderem an den Münchner Kammerspielen, aber sie wollte sich nicht fest binden, und es kam immer wieder zu Konflikten mit Intendanten und Theaterleitern. Sie begann auch zu schreiben, zunächst kleine Glossen und Texte für Zeitungen. 1932 erschien ihr erstes Kinderbuch, der Roman *Stoffel fliegt übers Meer*. Er wurde von der Kritik einhellig gelobt und mit Erich Kästner in einem Atemzug genannt.

Und Erika frönte ihren Hobbys, zum Beispiel den Autos, denn sie war eine begeisterte und risikobereite Fahrerin. 1931 nahm sie an einer 10 000 Kilometer langen Autorallye durch ganz Europa teil. Vom 24. Mai bis zum 6. Juni – sinnigerweise dem Geburtstag des Vaters – ging es durch die Schweiz, Frankreich, Spanien, Portugal, Österreich, Ungarn und Jugoslawien nach Berlin, wo sie auf dem Kurfürstendamm als Siegerin das Ziel erreichte.

Erika begann aber auch, auf politischen Veranstaltungen zu sprechen und im Radio Lesungen abzuhalten. So las sie beispielsweise aus dem *Zauberberg* des Vaters. Bei alledem konnte der Eindruck entstehen, als ginge diese selbstbewußte junge Frau mit ihren Talenten sehr verschwenderisch um, als müsse sie alles gleichzeitig und nebeneinander tun, weil sie keiner ihrer vielen Begabungen den Vorrang einräumen wollte. Es erhoben sich dann auch Stimmen im Freundeskreis, die davon sprachen, daß sie sich verzettele. Erika Mann fand schließlich ganz am Ende der Weimarer Republik «ihre Sache»; eine Tätigkeit, die es ihr erlaubte, alle ihre Talente – das Organisatorische, das Literarische und das Schauspielerische – in einer sie befriedigenden Tätigkeit zusammenzuführen: Sie gründet ein literarisches Kabarett, die «Pfeffermühle». Der Name stammte von Thomas Mann höchstpersönlich, der, als kurz vor der Premiere Erika am Eßtisch darüber klagte, daß sie immer noch keinen Namen für ihr Projekt gefunden habe, auf die Pfeffermühle zeigte und fragte: «Wie wär's denn damit?»[72]

Die Symbiose der verschiedenen Fähigkeiten der Schwester beschreibt Klaus Mann: *Die «Pfeffermühle» war Erikas Gründung, ein literarisches Kabarettprogramm mit stark politischem Einschlag; ein anmutig spielerischer, dabei aber bitterernster, leidenschaftlicher Protest gegen die braune Schmach. Die Texte der meisten Nummern – Chansons, Rezitationen, Sketche – waren von Erika (einige auch von mir); Erika war Conférencier, Direktor, Organisator; Erika sang, agierte, engagierte, inspirierte, kurz, war die Seele des Ganzen. Nein, die «Pfeffermühle» hatte eine Doppelseele; die andere Hälfte hieß Therese Giehse. [...]*

Die «Pfeffermühle» hatte ihre erste Vorstellung am 1. Januar 1933 in einem sehr intimen, sehr hübschen kleinen Theater, welches passenderweise «Bonbonnière» hieß. [...] Die Truppe, die sich um Erika und Therese zusammengefunden hatte, bestand fast ausschließlich aus jungen Menschen, sehr begabten darunter. Dem Komponisten und Pianisten Magnus Henning waren Melodien eingefallen, deren Anmut selbst aggressiven Texten die Bitterkeit, das Provokante nahm. Das Publikum war charmiert; sogar die Presse verhielt sich relativ wohlwollend. Die «Pfeffermühle» zog![73]

Was aber dachten und schrieben Vater und Onkel am Ende der Weimarer Republik? Beide hatten sich inzwischen versöhnt und den Bruderzwist überwunden. Äußeres Zeichen war eine Postkarte gewesen, die Thomas Mann dem Bruder 1922 ins Krankenhaus geschickt hatte, der nach einer lebensgefährlichen Erkrankung gerade wieder auf dem Weg der Besserung war. Der Text lautete: *Lieber Heinrich, nimm mit diesen Blumen meine herzlichen Grüße und Wünsche, – ich durfte sie Dir nicht früher senden. Es waren schwere Tage, die hinter uns liegen, aber nun sind wir über den Berg und werden besser gehen, – zusammen, wenn Dir's ums Herz ist, wie mir. T.*[74]

Heinrich Mann wohnte inzwischen in Berlin, dem politischen und kulturellen Zentrum der Republik. Seine Ehe war in die Brüche gegangen, und er lebte mit einer jungen Frau, Nelly Kröger, zusammen. Diese hatte er zwar in einer Berliner Bar kennengelernt, sie stammte jedoch aus dem Fischerort Niendorf, nicht weit von der Heimatstadt Lübeck an der Ostsee gelegen.

Heinrich Mann erkannte gegenüber der immer stärkeren Amerikanisierung des Lebens in der Weimarer Republik vor allem eines: Seine Literatur war antiquiert geworden. Die Jugend erlebte er als *unhistorisch, als wären sie vom Himmel gefallen. Vor sechs Monaten war, wenn man sie hört, noch keiner da, und wer sie in sechs Monaten sein werden, findet sich. Sie lesen nur Bücher, die dieses Alter nicht überschritten haben.*[75]

Dennoch hat er sein Werk ganz in den Dienst der republikanischen Sache gestellt. Stellvertretend seien die Romane *Mutter Marie* (1927), *Eugenie oder Die Bürgerzeit* (1928) und *Die große Sache* (1930) genannt. Heinrich Mann hat aber die Vorläufigkeit und starke Zeitgebundenheit gerade dieser Werke mehrfach betont. Ihr primär moralischer Impetus, der von Beginn an auf die Möglichkeit des Meisterwerks verzichtet, findet sich verdichtet wieder in einem Brief vom 13. Februar 1928 an den französischen Freund Félix Bertaux über den *Eugenie*-Roman: *Er hat seine moralische Lehre, wenn auch keine hohe Geistigkeit. Er ist eine Zwischenarbeit zwischen «Mutter Marie» und dem dritten Roman dieser Reihe (Die große Sache), die zusammen eine «gute Lehre» bildet: 1) lernt verantworten, 2) lernt ertragen, 3) lernt euch freuen.*[76]

Nicht zuletzt aufgrund dieser Einsichten verstärkte Heinrich Mann sein publizistisches Engagement. Vor allem die Außenpolitik war das Feld, auf das er in den zwanziger Jahren seine Hoffnungen setzte. Seine Utopie verlagerte sich in den internationalen Raum, umgriff nicht mehr Deutschland, das sich in seinen Augen als unfähig zur Verwirklichung der Träume von 1910 erwiesen hatte. In *Anfänge Europas* (1923) heißt es programmatisch: *Europa: der Gedanke enthält neue Ziele, neue Mittel, vielleicht ein ganz neues Menschentum und sicher neue Kämpfe.*[77]

In der Aussöhnung Deutschlands mit Frankreich und dem daraus resultierenden Europagedanken sah er eine Möglichkeit für die Realisierung seiner Ziele: *Wie wollen geistig Lebende bessern? Natürlich durch Vergeistigung. Die Handlungen unserer Länder sollen zum Antrieb Idee haben. Wir glauben, jeder von seinem Land, daß ihm dies durchaus gemäß ist. Demnach wäre es europäisch. Geist und Tat, voneinander durchdrungen und bewegt, sind europäisch.*[78]

Heinrich Mann hat diese Utopie der Völkerverständigung gelebt, und hier liegt viel Zukunftsweisendes in seinem politischen Denken, das bis heute an Aktualität nichts verloren hat.

Die Gefahren des Nationalsozialismus hat Heinrich Mann von Beginn an klar erkannt und publizistisch bekämpft. So schreibt er 1932, anläßlich der letzten freien Wahlen in der Weimarer Republik: *Sprechen wir von der Nationalsozialistischen Arbeiterpartei! Am Anfang steht der Betrug; die Partei ist in Wirklichkeit nichts von allem, was sie zu sein vorgibt, weder national noch sozialistisch und besonders keine Arbeiterpartei! [...] Vor allem ist niemand national, der vorhat, sobald er es könnte, in der Nation ein großes Blutbad anzurichten. Die Nationalsozialisten selbst können gar nicht voraussehen,*

1930 kam die Verfilmung des «Professor Unrat» in die Kinos. Für Marlene Dietrich wurde die Rolle der «feschen Lola» zum Beginn ihrer Weltkarriere

wie viele sie umbringen müßten, wenn sie die Macht erobert hätten und auch behalten wollten. Sie unterschätzen ihr eigenes Blutbad. In ihren Zeitungen zählen sie immer nur einige namhafte Personen auf, zum Beispiel Büchner, Gutzkow und mich – Lebende und Tote, es kommt ihnen nicht darauf an, wen sie an die Wand stellen. Aber im Ernstfall wird es bestimmt bei den Namhafteren nicht bleiben. Sie werden Massen vergasen müssen. Wenn das national ist![79]

Wenn man dies heute liest, erschrickt man über die Hellsichtigkeit Heinrich Manns, denn das Grauenhafte, die Vergasung und Vernichtung von Millionen Juden und ungezählten politischen Gegnern des Regimes, ist ja dann nur wenige Jahre später eingetreten. Es ist einer der Grundkonflikte im Leben Heinrich Manns, daß er an entscheidenden Stellen der deutschen Geschichte die negativen Entwicklungen vorausgeahnt hat, ohne freilich etwas ändern zu können. Über die Folgen beim Publikum hat er sich keine Illusionen gemacht: *Was ich machte, fand innige Freundschaft und sonst nur Mißvergnügen. Ich schrieb im voraus, was aus Deutschland dann wirklich wurde. Man rechnete es mir an, als hätte ich selbst es angerichtet.*[80]

Thomas Mann zog aus der von Heinrich Mann gegebenen Zustandsbeschreibung eine andere Konsequenz. Nach dem *Zauberberg* wandte er sich ab 1926 einem anderen Thema zu, das sich bewußt aller Tagesaktualität entzog. Er begann mit der Arbeit an den *Joseph*-Romanen. *Der unmittelbare Anstoß zum Joseph kam mir von einem Münchner Maler und Bekannten, der von mir eine Bildermappe eingeleitet haben wollte, eine hübsche graphische Darstellung der Schicksale des Joseph, des Sohnes Jaakobs. Ich las sie in meiner alten Familienbibel nach und fand bestätigt, was Goethe in «Dichtung und Wahrheit» schreibt: «Höchst anmutig ist diese natürliche Erzählung, nur erscheint sie zu kurz, und man fühlt sich berufen, sie ins einzelne auszumalen.» Noch ahnte ich nicht, wie sehr mir dieses Wort zum Motto vieler Arbeitsjahre werden sollte.*[81]

Der literarische Ruhm Thomas Manns erreichte am 10. Dezember 1929 seinen ersten Höhepunkt: In Stockholm wurde ihm der Nobelpreis für Literatur verliehen – hauptsächlich für seinen großen Roman *Buddenbrooks*, wie es in der Begründung der Jury hieß. Aber Thomas Mann äußerte sich auch direkt politisch in diesen Jahren. Dabei gilt es zu erinnern: Was immer er bis zum Ende seines Lebens an politischen Äußerungen von sich gegeben hat – und die Zeitläufte machten ihn zu einer öffentlichen Person von Weltrang, die das sehr häufig tun mußte –, er tat dies als ein in die Politik geratener Künstler. Das heißt: Er argumentierte nicht mit den üblichen politisch-

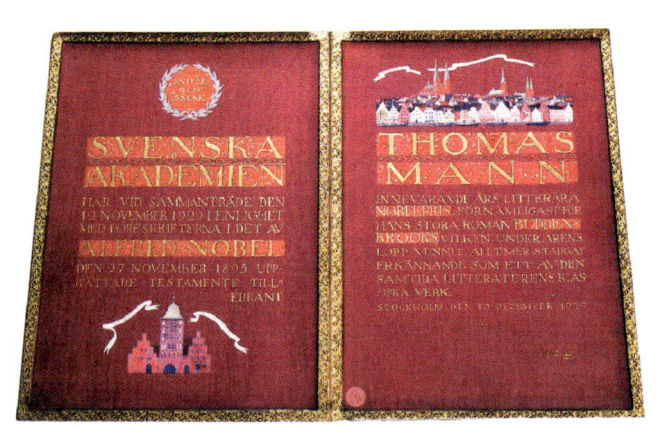

Die Nobelpreis-Urkunde für Thomas Mann, 1929

historischen Kategorien, sondern letztlich mit solchen, die er aus der Kultur im allgemeinen und der Literaturgeschichte im besonderen entnommen hatte. Das gilt im übrigen auf ähnliche Weise auch für den Bruder.

Ein Grundmuster der Auseinandersetzung Thomas Manns mit dem Faschismus findet sich in der 1930 veröffentlichten Erzählung *Mario und der Zauberer*. Die Geschichte hat einen biographischen Hintergrund. Bei einem Italienurlaub spürte auch die Familie Mann die fremdenfeindliche Haltung des von Mussolini beherrschten Gastlandes. Im Text stellt sich für den Familienvater daher die Frage, ob er gegenüber diesen politisch zweifelhaften Tendenzen den Rückzug antreten und die Reise abbrechen soll. Das Ergebnis seiner Überlegungen gipfelt in der folgenden Feststellung, die programmatischen Charakter für Thomas Manns politische Haltung am Ende der Republik hat: *Soll man «abreisen», wenn das Leben sich ein bißchen unheimlich, nicht ganz geheuer oder etwas peinlich und kränkend anläßt? Nein doch, man soll bleiben, soll sich das ansehen und sich dem aussetzen, gerade dabei gibt es vielleicht etwas zu lernen.* (GW VIII, 669)

Zwei Dinge sind hier grundlegend. Zum einen propagierte Thomas Mann keineswegs das eingreifende Denken, sondern er war Beobachter, der mit seinen Mitteln das Politische genau sah. Und er wollte zweitens auch den politischen Gegner verstehen. Damit war jedoch keinerlei Affinität mit den rechten Kräften verbunden. Im Gegenteil: Thomas Mann war einer der Schriftsteller, der die Dramatik der Situation in aller Klarheit erkannte und der unmißverständlich dagegen angegangen ist. Die Lage war in den letzten Jahren der Republik bedrohlich. Straßenschlachten zwischen rechten und linken Schlägertruppen waren an der Tagesordnung, und ein Blick auf das Wahlergebnis vom 6. November 1932 zeigt einen Stimmenanteil von 33,1 Prozent für die NSDAP.

Für Thomas Mann, der in der epischen Welt von Fontane, Storm und Keller groß geworden war, der Goethe, Schiller und Hölderlin verehrte, mußten die angeblich «Goldenen zwanziger Jahre» vor allem eine Epoche des ästhetischen Rückschritts sein. Thomas Mann brachte folglich – wie sein Bruder Heinrich – das Aufkommen der Nazis und die Dekadenzerscheinungen der Weimarer Kultur miteinander in Verbindung. Der Nationalsozialismus, so Thomas Mann, profitierte davon, daß die rasante Entwicklung *der Technik mit ihren Triumphen und Katastrophen, Lärm und Sensation des Sportrekordes, Überschätzung und wilde Überbezahlung des Massen anziehenden Stars, Box-Meetings mit Millionen-Honoraren vor Schaumengen in Riesenzahl* (GW XI, 878f.) das Bild der Zeit bestimmte. Der Nationalsozialismus wollte *die innere Reinigung Deutschlands*, er strebte *das Wunschbild einer primitiven, blutreinen, herzens- und verstandesschlichten, hackenzusammenschlagenden, blauäugig gehorsamen und strammen Biederkeit* an. (GW XI, 881)

Was Thomas Mann umtrieb, war die Frage, warum ein Volk, *das eine weltbürgerliche und hohe Klassik, die tiefste und raffi-*

nierteste Romantik, Goethe, Schopenhauer, Nietzsche, die erhabene Morbidität von Wagners Tristan-Musik erlebt hat und im Blute trägt (GW XI, 881), derart massenhaft den Nazis zulief. Thomas Mann wußte nur eine vage Antwort am Ende der Republik, die auch späterhin sein Bild von Deutschland bestimmen sollte: *Aber der Nationalsozialismus hätte als Massen-Gefühls-Überzeugung nicht die Macht und den Umfang gewinnen können, die er jetzt erwiesen, wenn ihm nicht, der großen Mehrzahl seiner Träger unbewußt, aus geistigen Quellen ein Sukkurs käme.* (GW XI, 876f.)

Thomas Mann erkannte also eine Affinität der deutschen Geistesgeschichte mit der Bewegung Hitlers. Er sah in dieser Affinität eine der Voraussetzungen für den Erfolg der Nationalsozialisten. Eine genaue Beschreibung des geistigen *Sukkurs* war ihm zu dieser Zeit noch nicht möglich; dazu sollte er erst Jahre später, im Exil, fern von Deutschland in der Lage sein. Vorerst sah er als letzte politische Möglichkeit die Mahnung an das deutsche Bürgertum, *seinen politischen Platz an der Seite der Sozialdemokratie zu nehmen.* (GW XI, 891) Diese Forderung stammt freilich schon aus der letzten vor dem Exil gehaltenen öffentlichen Rede, die zugleich eine Grenzüberschreitung für diesen bürgerlichen Schriftsteller par excellence war, da er sie im Arbeiterheim zu Wien-Ottakring gehalten hatte.

Das Exil (1933 – 1945)

Das Exil war – nach dem Weggang von Lübeck – der zweite entscheidende Einschnitt im Leben der Familie Mann. Bis dahin war sie eine exemplarisch deutsche Familie gewesen, hervorgegangen aus dem bürgerlichen Lübeck und dann fortwirkend in den beiden großen Metropolen Berlin und München. Die Kinder, vor allem Klaus und Erika, begriffen sich als Angehörige dieser Familie, in deren Schoß sie bei aller Weltläufigkeit und Reiselust immer wieder zurückkehrten. Das Haus in der Poschingerstraße 1 war nach dem Buddenbrookhaus in Lübeck zum Stammsitz einer Familie geworden, die, von einer bürgerlichen Existenz ausgehend, ein durchaus abenteuerliches Leben führte. Thomas, Heinrich und Golo Mann hatten dabei mehr den Abenteuern im Geiste gefrönt, während Erika und Klaus dem Leben zugewandter waren und danach trachteten, die Abenteuer in der Welt zu erleben.

Dies war nach der Machtergreifung Hitlers abrupt zu Ende. Dabei wurden letztlich auch die Manns, wie so viele Intellektuelle, von der dramatischen Zuspitzung der historischen Ereignisse überrascht. Symptomatisch ist eine Schilderung, die Klaus Mann von einer persönlichen Begegnung mit Hitler 1932 gibt: *Direkt am Nebentisch: Adolf Hitler, in blödester Gesellschaft. Seine geradezu auffallende Minderwertigkeit. Äusserst unbegabt; die Faszination, die er übt, grösste Blamage der Historie; gewisser sexualpathologischer Einschlag kann nicht alles erklären.*[82]

Wer so dumm war wie Adolf Hitler und so deutlich das Stigma des kleinbürgerlichen Emporkömmlings trug, der konnte keine wirkliche Bedrohung sein – glaubte man. Neben aller politischen Klarsicht am Ende der Weimarer Republik ist dieser Blick auf den Emporkömmling auch bei Thomas und Heinrich Mann spürbar.

Und noch etwas führt die Zeitenwende von 1933 vor Augen: das Zusammengehen der persönlichen und der politischen

Geschichte. Speziell beim seelisch labilen Klaus Mann führten die historischen Ereignisse zu einer akuten Lebenskrise. So heißt es im Tagebuch unter dem Datum des 19. Februar 1933: *Morgens, nichts als der Wunsch zu sterben. Rechne mir aus, was ich heute aufgeben würde – muss es geringfügig finden. Die Chance einer wirklich glücklichen Verbindung – fällt aus. Die Chance des literarischen Ruhms in näherer Zeit für unsereins – fällt wahrscheinlich auch aus. Wenn ein Gift dastünde, würde ich s i c h e r nicht zögern – wenn nicht E[rika] (und M[ielein]) wären. Durch sie gebunden. Aber immer gewisser, dass E's Tod sofort meinen nach sich zöge; dass mich dann auch die Arbeit nicht mehr hielte. Übrigens keine Spur von Todesangst. Der Tod k a n n nur als Erlösung empfunden werden.*[83]

Neben der Todessehnsucht Klaus Manns wird hier vor allem eines deutlich: welche überragende, lebensstabilisierende, ja lebenserhaltende Bedeutung die Schwester Erika und die Mutter Katia, fast immer zärtlich Mielein genannt, im Leben dieses Getriebenen hatten. Er, der nur für einige Monate in seinem Leben ein eigenes Haus bewohnte, wußte sich jedes der so vielen Hotelzimmer, in denen er logierte, mit einem minimalen Inventar wohnlich zu machen. Die entscheidenden Insignien waren dabei stets die Fotos von Mutter und Schwester.

Für den Vater und den Onkel, für Thomas und Heinrich Mann, blieb als Halt vor allem die geistesgeschichtliche Verwurzelung im 19. Jahrhundert. Daß Hitler sich zwei von Thomas Mann geliebte Größen in übler Verdrehung zunutze machte, daß er nämlich Wagner zu seinem musikalischen und Nietzsche zu seinem philosophischen Hausgott erklärte, war einer der entscheidenden Gründe für Thomas Manns geradezu unbändigen Haß auf den Diktator. So stellt es keinen Treppenwitz der Weltgeschichte, sondern eine im tieferen Sinne korrekte Verknüpfung von Individuum und Geschichte dar, wenn Thomas Manns Exil seinen Ausgang mit einer Rede zum 50. Todestag Richard Wagners nahm. *Leiden und Größe Richard Wagners* hieß der Vortrag, den er am 10. Februar 1933 im Auditorium Maximum der Universität München gehalten hatte. Am 11. Februar brach er, nach einer durchaus positiven Resonanz auf seine Rede, zu einer Vortragsreise in die Niederlande

«Völkischer Beobachter», 31. Januar 1933

auf. In Amsterdam, Brüssel und Paris wiederholte er in den nachfolgenden Tagen seinen Vortrag. Was er nicht ahnen konnte: Erst 1949, anläßlich der Feiern zu Goethes 200. Geburtstag sollte er Deutschland wieder betreten.

Was war geschehen, wie war es dazu gekommen? Zum einen hatte sich die allgemeine politische Situation durch den Reichstagsbrand am 27. Februar 1933 und die danach einsetzende Verfolgung aller kritischen Geister entscheidend verändert. Davon war auch die Familie Mann betroffen. Für Thomas Mann war zudem der 16./17. April 1933 ein einschneidendes Datum. An diesem Tag erschien in den «Münchner Neuesten Nachrichten» ein offener Brief, der mit «Protest der Richard Wagner-Stadt München» überschrieben war und den alle wichtigen Kulturträger der Stadt, von denen viele bis dahin mit Thomas Mann befreundet oder bekannt waren, unterzeichnet hatten. Er beginnt mit den Worten: «Nachdem die nationale Erhebung Deutschlands festes Gefüge angenommen hat, kann es nicht mehr als Ablenkung empfunden werden, wenn wir uns an die Oeffentlichkeit wenden, um das Andenken an den großen deutschen Meister Richard Wagner vor Verunglimpfung zu schützen. Wir empfinden Wagner als musikalisch-dramatischen Ausdruck tiefsten deutschen Gefühls, das wir nicht durch ästhetisierenden Snobismus beleidigen lassen wollen, wie das mit so überheblicher Geschwollenheit in Richard-Wagner-Gedenkreden von Herrn Thomas Mann geschieht.»[84]

Am Beispiel Wagners läßt sich ein historischer Exkurs durchführen, der unter der Oberfläche der politischen Ereignisse die verwickelte Familiengeschichte aufscheinen läßt. Mit dem durch das Wagner-Erlebnis geschärften Blick schaut Klaus Mann in seinem Tagebuch – ebenfalls im April 1933 – in einer Art vergleichender Schaffenspsychologie auf die zentralen Antriebsgründe der literarischen Produktion bei Vater und Sohn. Das Thema der Verführung wird darin als das zentrale angesehen, das sich beim Vater in der verdrängten Homosexualität findet und beim Sohn in der extensiv ausgelebten Homosexualität und Drogensucht sein Äquivalent hat. Und fast will es scheinen, als wenn in dem Gegensatzpaar der «Verdrängung» und des «Auslebens» und der daraus folgenden Steigerung der Kunst bei Thomas Mann und der *Steigerung des Lebens* bei Klaus Mann der eigenen Kunst das kritische Urteil gesprochen wird. Was hier bei Klaus Mann tief beeindruckt, ist neben der Qualität der Analyse die Ehrlichkeit des Blickes: *Heute Nacht beim «Wagner»-Lesen (Nietzsche: Der Fall Wagner) notiert, dass das Thema der «Verführung» für Zauberer so charakteristisch – im Gegensatz zu mir. Verführungsmotiv: Romantik – Musik – Wagner – Venedig – Tod – «Sympathie mit dem Abgrund» – Päderastie. Verdrängung der Päderastie als Ursache dieses Motivs (Überwindung der «Verführung» bei Nietzsche; siehe Wagner.) – Bei mir anders. Primärer Einfluss Wedekind – George. Begriff der «Sünde» – unerlebt. Ursache: ausgelebt. Päderastie. Rausch (sogar Todesrausch) immer als Steigerung des Lebens, dankbar akzeptiert; nie als «Verführung». Noch im Fall der Drogen so, die höchstens physisch für mich gefährlich, nicht psychisch. Grundsätzlich nichts abgelehnt. Todesverbundenheit: Teil des Lebensgefühls. Auch Wagner wäre also ungefährlich –: wenn er überhaupt Verführungstiefe für mich hätte, was er nicht hat.*[85]

Doch zurück zu den geschichtlichen Ereignissen. Klaus Mann verließ Deutschland am 13. März 1933 und fuhr nach Paris. Golo brachte am 3. April die beiden jüngsten Geschwister Elisabeth und Michael aus München zu den Eltern. Er war auch der letzte Bewohner des Hauses in der Poschingerstraße. Die Mutter hatte ihn gebeten, sein Studium in Göttingen zu unterbrechen und nach dem Rechten zu sehen. Nachdem er noch den Versand der Arbeitsmaterialien zum *Joseph*-Roman und der wichtigsten Teile der Bibliothek veranlaßt hatte, verließ er am 30. Mai ebenfalls Deutschland.

Golo Mann hat die Zuspitzung der Situation in Deutschland hautnah miterlebt. Es war ihm trotzdem gelungen, noch 60 000 RM des Familienvermögens von den verschiedensten Konten abzuheben. In weiser Voraussicht hatte Thomas Mann die Hälfte seines Nobelpreisgeldes schon 1930 in der Schweiz angelegt. Finanzielle Sorgen brauchten die Manns sich von daher auch im Ausland vorerst nicht zu machen. Der deutsche Besitz fiel freilich in die Hände der neuen Machthaber. Ende April hatte die SA das Haus durchsucht und die beiden Autos der Familie beschlagnahmt; später requirierten Hitlers Münchner Helfer dann das Haus und den gesamten Besitz. Golo wich nach Berlin aus, von wo er sich nach Frankreich absetzte. In seinen Erinnerungen heißt es: *Es war nun auch meines Bleibens nicht länger. Die Münchner Polizei konnte, wenn sie wollte, jederzeit heraus-*

finden, wo ich mich aufhielt. Sie würde das Geld konfiszieren, nicht ohne mich zu fragen, zu welchem Zweck ich denn eine so große Summe mit mir herumschleppte; worauf ich eine glaubhafte Antwort nicht hätte geben können. Mein Berufsplan war in jedem Fall zerrissen, an eine Anstellung nicht zu denken. Doppelt fand ich mich kompromittiert; durch die jüdische Herkunft meiner Großeltern Pringsheim [...]; durch das einstweilen, aber wie lange noch, schweigende Draußenbleiben TMs, das gar nicht schweigende Draußenbleiben meiner Geschwister und Heinrich Manns. Immer wäre ich eine Geisel zur beliebigen Verwendung geblieben, völlig vereinsamt, ohne Arbeit, ohne Lohn.[86]

In Paris traf Thomas Mann, unter völlig veränderten Vorzeichen, den Bruder Heinrich. Dieser hatte nach einer nächtlichen Bahnfahrt, fast ohne Gepäck, die französische Hauptstadt erreicht. In einem späteren Bericht heißt es darüber: *Am 19. in einer Abendgesellschaft mit den Trümmern der Republik, meistens von Sinnen, kam M. François-Poncet auf mich zu. Er sagte: «Wenn Sie am Pariser Platz vorbeikommen, mein Haus steht Ihnen offen.» Dieses Zeichen genügte mir: zwei Tage später reise ich ab, still und leise, aber die SA betraten alsbald meine Wohnung. Sie war längst überwacht gewesen. – Da sie mich nicht hatten, verkündeten sie mit Lautsprechern, sie hätten mich.*[87]

Klaus Mann hielt sich in dieser ersten Phase des Exils vor allem in Amsterdam auf, wo er mit Fritz H. Landshoff eng zusammenarbeitete, der die deutschsprachige Abteilung des Querido Verlags leitete. Aber auch das schon aus den zwanziger Jahren gewohnte Reiseleben wurde beibehalten, zumindest solange Hitler dazu in Europa noch Raum ließ. Klaus Mann erwähnt *kürzere Aufenthalte an der französischen Riviera, Ausflüge nach Wien, Prag, Budapest, wohl auch einmal ein Besuch in London oder ein paar Sommerwochen auf der Insel Mallorca.*[88] Die scheinbare Idylle täuscht freilich. Klaus Mann war sich seiner Rolle im Exil früher und deutlicher als andere Intellektuelle bewußt. Dabei war für ihn die Einheit von Politik und Literatur leitend. *Einerseits ging es darum, die Welt vor dem Dritten Reich zu warnen und über den wahren Charakter des Regimes aufzuklären,* daneben jedoch galt es, *die große Tradition des deutschen Geistes und der deut-*

schen Sprache, eine Tradition, für die es im Lande ihrer Herkunft keinen Platz mehr gab, in der Fremde lebendig zu erhalten und durch den eigenen schöpferischen Beitrag weiterzuentwickeln.[89]

Der erste Fixpunkt für die Familie Mann im Exil war der kleine Ort Sanary-sur-Mer an der französischen Mittelmeerküste. Liest man die Namen auf der heute dort am Hafen angebrachten Gedenktafel, dann wird einem schlagartig klar, daß es keine Übertreibung darstellte, wenn Ludwig Marcuse

Sanary-sur-Mer

von der zeitweiligen «Hauptstadt der deutschen Exilliteratur» sprach.[90] Gelebt oder für eine längere Zeit in Sanary sich aufgehalten haben unter anderem Bertolt Brecht, Lion Feuchtwanger, Bruno Frank, Annette Kolb, Joseph Roth, Franz Werfel sowie Arnold und Stefan Zweig – vor allem aber: die Familie Mann. Thomas Mann, Heinrich Mann, Golo Mann, Erika Mann und Klaus Mann – alle diese Namen finden sich auf der Gedenktafel. Man kam also wieder zusammen, wenn auch unter gänzlich anderen Lebensbedingungen. Dennoch blieben die persönlichen Lebensformen und die familiären Grundstrukturen intakt. Im Jahre 1933 zeigte sich erstmals ein Muster, das nun prägend für das Exil und das Fortleben dieser Familie werden sollte: Jeder ging seiner Wege, lebte sein Leben mit den ihm speziell mitgegebenen Stärken und Schwächen. Aber bei allen schriftstellerischen und politischen Aktivitäten blieb der Familienzusammenhalt gewahrt, über das Zusammenkommen in den verschiedenen Häusern der Eltern im Exil, über Treffen auf Reisen in Orten, die bald auf den verschiedensten Kontinenten lagen, und vor allem durch Briefe.

Im Zentrum standen weiter die Eltern.

Thomas Mann war vom Exil überrascht worden. Er hatte offen und mutig gegen Hitler und seine Schergen gesprochen, die er tief verachtete. Sein Antifaschismus gründete dabei – wie wir sahen – nicht primär auf politischer Theorie, sondern war ästhetisch-philosophischer Natur. Er warf den Nazis vor, die kulturellen Traditionen Deutschlands auf das fürchterlichste verbogen, verhunzt zu haben. Diese Ablehnung des Nationalsozialismus war das eine, der praktische Vollzug des Exils, die plötzliche Unmöglichkeit, nach Deutschland, in sein Münchner Haus zurückkehren zu können, war das andere. Dabei gilt es zu berücksichtigen: Thomas Mann war über sechzig Jahre alt und in der Welt spätestens seit dem Nobelpreis im Jahre 1929 für viele der herausragende Vertreter der deutschen Kultur, und so sah auch er selbst sich und seine Rolle.

Die Tagebücher verraten die tiefe Krise, in die Thomas Mann gestürzt wurde, sein geradezu verzweifelt anmutendes Suchen nach einem Sinn in diesem historischen Ablauf. Sie verraten aber auch, daß er das Exil nicht als die ihm angemessene Lebensform ansah: *Die innere Ablehnung des Märtyrertums, die Empfindung seiner persönlichen Unzukömmlichkeit kehrt immer wieder, erneuert sich gerade jetzt und wurde bestätigt und verstärkt durch Lions Wiedergabe einer Äußerung G. Benns von früher: «Kennen Sie Thomas Manns Haus in München? Es hat wirklich etwas Goethisches.» – Daß ich aus dieser Existenz hinausgedrängt worden, ist ein schwerer Stil- und Schicksalsfehler meines Lebens, mit dem ich, wie es scheint, umsonst fertig zu werden suche, und die Unmöglichkeit seiner Berichtigung und Wiederherstellung, die sich immer wieder aufdrängt, das Ergebnis jeder Prüfung ist, frißt mir am Herzen.*[91]

Es war die Tochter Erika, die nun immer größere Bedeutung für die Eltern erhielt. Sie organisierte ein Haus in Sanary und dann später in Küsnacht am Zürichsee, wo Thomas Mann bis 1938 lebte. Sie sollte diese Aufgabe auch später, in den USA und nach der endgültigen Rückkehr nach Europa, wieder übernehmen. Das alles diente dem Zweck, eine äußere Ordnung und Regelmäßigkeit zu schaffen. In der Schweiz wurde so das familiäre Leben während der Exilzeit fortgesetzt, gingen die jüngeren Kinder auf die Schule und ihrer Ausbildung nach.

Thomas Mann schrieb wieder am *Joseph*-Roman und versuchte, soweit dies möglich war, den gewohnten Lebensrhythmus, der die Basis für sein Schriftstellertum war, wiederaufzunehmen.

Ansonsten war Erika, wie auch Klaus, in Sanary eher zu Besuch. Ganz anders Golo, der auch in dieser Krisenzeit sich wieder nach innen zurückzog, die Kraft und Ruhe in der Lektüre suchte. Die erste Zeit des Exils verbrachte Golo Mann bei den Eltern in Sanary und Küsnacht. Vom September 1933 bis zum Herbst 1935 arbeitete er als Hilfslektor für deutsche Literatur und Geschichte an der École Normale Supérieure in St. Cloud.

Golo lebte in Sanary in der Villa «Les Roseaux», die dem amerikanischen Schriftsteller William Seabrook gehörte, wo er ein *schönes Zimmer* erhielt.[92] Über die Bedeutung seiner Lektüre berichtet Golo Mann im Rückblick: *Nebenher las ich viel, an Zeit fehlte es gar nicht; Lektüren, in denen ich Trost suchte. Da waren noch einmal die Annalen des Tacitus; die Machtergreifung des Tiberius etwa und das Verhalten der Senatoren dabei; ihr «ruere in servicium», ihr «sich in die Knechtschaft stürzen». Alles schon dagewesen. Da waren auf der anderen Seite die Oden des Horaz, ihr göttlich heiterer Unernst; ein Trost angesichts der immerwährenden Rätsel unseres Daseins, wie auch gegenüber politischen Katastrophen, die dem Dichter im Grunde gleichgültig waren, trotz der patriotischen Phrasendrescherei, die er dem Augustus schuldete.*[93]

Hier finden sich die leitenden Linien, die später das historische Werk Golo Manns sowie sein Verhältnis zur Bundesrepublik prägen sollten. Geschichte, auch in ihren schärfsten und radikalsten Zuspitzungen, wird immer auf ein allgemeines, menschliches Muster zurückgeführt. Das aktuelle Leid und der momentane Erfolg überdecken nie den Blick auf die tieferliegenden Mechanismen der Geschichte. Golo Manns Humanität gründet auf einem durchaus pessimistischen Geschichtsbild, das sich nicht zuletzt dem Vater verdankt. Wie bei Thomas Mann resultiert aus dieser Einsicht in die moralische Labilität der Menschen jedoch niemals ein defätistisches Hinnehmen des historischen Ablaufs, ein Nachgeben vor der Macht des Stärkeren. So hat auch Golo Mann, auf seine eher stille und introvertierte Weise, den Kampf gegen Hitler und das Dritte Reich geführt.

Die geistige Nähe zum Vater kam auch darin zum Ausdruck, daß Golo Mann im Juli 1939 Redakteur der von Thomas Mann herausgegebenen Exilzeitschrift *Maß und Wert* wurde.

Schon in Sanary bereitete sich einer der großen Familienkonflikte vor, der aus der neuen politischen Situation resultierte. Dabei ging es im wesentlichen um die Rolle der Familie im Exil. Klaus Mann wollte hier weiter und radikaler voranschreiten, als es Thomas Mann, zumindest 1933, vermochte. Klaus Mann nämlich bereitete in der Idylle der sommerlichen Mittelmeerlandschaft seine Exilzeitschrift *Die Sammlung* vor. An diesem Projekt entzündete sich ein großer und intensiver Streit zwischen Thomas Mann auf der einen und Klaus und Erika Mann auf der anderen Seite. Um was für eine Zeitschrift handelte es sich?

Hanns Johst, Präsident der Reichsschrifttumskammer und einer der eifrigsten literarischen Lakaien des neuen Regimes, schrieb über *Die Sammlung* am 10. Oktober 1933 an den Reichsführer der SS, an Heinrich Himmler: «In Amsterdam erscheint das derzeitig unflätigste Emigrantenblatt ‹Die Sammlung›. Sie werden sich ja jederzeit Belegexemplare verschaffen können, sonst übersende ich Ihnen auch gern ein Exemplar dieses Schmutzes. Als Herausgeber zeichnet der hoffnungsvolle Spross des Herrn Thomas Mann, Klaus Mann. Da dieser Halbjude schwerlich zu uns herüber wechselt, wir ihn also leider nicht auf's Stühlchen setzen können, würde ich in dieser wichtigen Angelegenheit doch das Geiselverfahren vorschlagen.

Könnte man nicht vielleicht Herrn Thomas Mann, München, für seinen Sohn ein wenig inhaftieren? Seine geistige Produktion würde ja durch eine Herbstfrische in Dachau nicht leiden, denn wir wissen aus unseren eigenen Reihen, welches famose Schrifttum gerade von nationalsozialistischen Häftlingen zur glücklichen Niederschrift kam. Ich erinnere nur an Hitler und Röhm. Ich erwähne dieses, damit wir in diesem Punkt gefeit sind, falls man uns Barbaren heißt. Wir gehen aber nur gegen das verleumderische Fleisch vor und also nicht gegen den europäischen Geist des Herrn Mann.»[94]

Nicht minder drastisch äußerte sich Will Vesper im November 1933 in der gleichgeschalteten Zeitschrift «Die Neue Literatur»: «Die aus Deutschland entflohenen kommunistischen und jüdischen Literaten versuchen von ihren Schlupfwinkeln aus, das neue Deutschland mit einem Wall von literarischem Stinkgas zu umgeben. [...]. Größer aufgezogen und zweifellos das gefährlichste Reptil ist die in Amsterdam unter dem ‹Patronat von André Gide, Aldous Huxley und Heinrich Mann› von dem Halbjuden Klaus Mann herausgegebene ‹Sammlung›.»[95]

Unter den Autorennamen der *Sammlung* war in ersten Ankündigungen auch der des Vaters genannt worden. Thomas Manns Verleger Gottfried Bermann Fischer, der mit seinem Verlag noch in Berlin residierte, fürchtete jedoch, daß damit der Verkauf des ersten Bandes der Joseph-Tetralogie, *Die Geschichten Jaakobs*, unmöglich werden würde. In einem Telegramm übte er großen Druck auf Thomas Mann aus. Er sprach sogar davon, daß vom Erscheinen dieses Buches und von der Distanzierung Thomas Manns von der *Sammlung* die Existenz seines ganzen Verlages abhing. Thomas Mann beugte sich dem Druck. Im Tagebuch vom 12. September 1933 wird seine durchaus ambivalente Stellung zum Exil deutlich: *Empörende Erpressung, für die man in Berlin, wo die Furcht vor dem Verbot des Buches und dem Ende des Verlages alles beherrscht, kein Gefühl hat. [...] Quälendes Schwanken zwischen Ablehnung und Nachgiebigkeit. Schrieb endlich: «Muß bestätigen, daß Charakter ersten Heftes Sammlung nicht ihrem ursprünglichen Programm entspricht»*, und

Thomas Mann
und Gottfried
Bermann Fischer
in Küsnacht

K[atia] besorgte das Telegramm, mit dem ich mir schon viel vergebe und das dabei nicht genügen wird. Bedrücktes Gespräch über die Unmöglichkeit richtigen Verhaltens, dem notwendigen Versagen vor der Bestialität. Über das Bedürfnis nach geistiger Freiheit und Seelenruhe, Fernhalten von der Ressentiment- und Verzweiflungsliteratur. Man ist nicht dazu geschaffen, sich in Haß zu verzehren.[96]

Hier schießt alles zusammen: Die Fixierung auf das eigene Ich, der Haß auf das *Versagen*, als das er selbst sein Verhalten begriff, und der verzweifelt-komisch anmutende Vorwurf an die neuen Machthaber, die ihn mit Notwendigkeit in diese Lage gebracht hätten. Letztlich wird deutlich: Thomas Mann war als Schriftsteller der neuen weltgeschichtlichen Konstellation noch gar nicht gewachsen. Die geistige *Freiheit und Seelenruhe*, die er als Basis des Schreibens für sich reklamierte, konnte er in den nächsten Jahren und Jahrzehnten sich nur noch unter großen Mühen schaffen.

Wie falsch Thomas Mann die Situation einschätzte, macht die Tatsache deutlich, daß sein Satz über die *Sammlung* am 14. Oktober 1933 im «Börsenblatt für den Deutschen Buchhandel» veröffentlicht und in Nazi-Deutschland höchst positiv aufgenommen wurde. Klaus Mann kommentierte die ihm in einem Brief am 15. September mitgeteilte Distanzierung Thomas Manns zurückhaltend, aber unmißverständlich: *sehr schmähliche Angelegenheit; Trauer und Verwirrung.*[97]

In der Öffentlichkeit vermied Klaus Mann jede Kritik am Vater. Die Familiensolidarität blieb nach außen erhalten, hatte im Inneren aber einen Bruch erfahren. In den folgenden Jahren bemühte der Sohn sich daher mit seiner Schwester Erika intensiv darum, den Vater zu einer klaren Haltung gegenüber dem Exil zu bewegen.

Die entscheidende Zuspitzung, die zugleich eine auch in der Geschichte der Familie Mann beispiellose Verschmelzung von privater und großer Geschichte darstellt, erfolgte in den beiden ersten Monaten des Jahres 1936. An der in diesen Wochen erfolgten Hinwendung Thomas Manns zu den Autoren des Exils, unter denen er von da an eine dominierende Rolle als der weltweit anerkannte Vertreter des anderen, des besseren Deutschlands spielen sollte, hatte ein großer Teil der Familie einen direkten Anteil.

Am 11. Januar 1936 hatte der Publizist Leopold Schwarzschild in seiner in Paris erscheinenden Exilzeitschrift «Das Neue Tage-Buch» einen in Thomas Manns Augen infamen Angriff auf den S. Fischer Verlag publiziert. Die Kernpunkte der Vorwürfe lauteten: Gottfried Bermann Fischer sei ein «Schutzjude» von Propagandaminister Goebbels und plane die Gründung eines «getarnten Exilverlages» in Wien, bei dem Thomas Mann als literarisches Aushängeschild dienen solle und der von «deutschen Amtsstellen gewünscht und favorisiert» werde. Unter dem Titel «Ein Protest» erschien am 18. Januar in der «Neuen Zürcher Zeitung» eine Gegenerklärung, die von Thomas Mann, Annette Kolb und Hermann Hesse unterzeichnet war. Darin wurden die Angriffe Schwarzschilds auf den S. Fischer Verlag zurückgewiesen und als «durchaus ungerechtfertigt» bezeichnet.

Erika Mann schaltete sich am 19. Januar 1936 mit einem ausführlichen Brief an den Vater in die Kontroverse ein. Einleitend spricht sie davon, daß Thomas Manns «Protest» ihr *traurig und schrecklich vorkommen mußte*, und sie begründet dies ausführlich. Am Schluß steht die zugespitzte Zustandsbeschreibung der Haltung Thomas Manns zum Exil: *Als Resümee bleibt: das erste Wort «für» aus Deinem Munde fällt für Doktor Bermann, – das erste Wort «gegen», – Dein erster offizieller «Protest» seit Beginn des dritten Reiches richtet sich gegen Schwarzschild und das «Tagebuch» (in der N.Z.Z.!!!).*[98] Am Ende ihres Schreibens tat Erika Mann etwas, das es bisher in der Familiengeschichte noch nicht gegeben hatte. Sie, die ihrem Vater von allen Kindern am nächsten stand, sie, die gerade deshalb seine narzißtische und ichbezogene Künstlerpersönlichkeit als Basis des großen Werkes immer akzeptiert hatte, setzte nun ihre große Liebe ganz gezielt ein, um Thomas Mann endlich für das Exil zu gewinnen: *Du wirst mir diesen Brief wahrscheinlich sehr übel nehmen, – ich bin darauf gefaßt und weiß, was ich tue. Diese freundliche Zeit ist so sehr geeignet, Menschen auseinanderzubringen – in wievielen Fällen hat sie es schon getan. Deine Beziehung zu Doktor Bermann und seinem Haus ist unverwüstlich, – Du scheinst bereit, ihr alle Opfer zu bringen. Falls es ein Opfer für Dich bedeutet, daß ich Dir, mählich, aber sicher, abhanden komme, –: leg es zu dem übrigen. Für mich ist es traurig und schrecklich. Ich bin Dein Kind E.*[99]

Thomas Mann reagierte tief betroffen: *Dein Brief hat mir natürlich weh getan und das sollte er ja als Revanche für den Schmerz, den ich Dir zugefügt.*[100] Seine Verteidigung läßt schon ein künftiges Einschwenken auf die Position Erikas ahnen. Thomas Mann faßt seine Sonderrolle, an der er auch im Exil festhält, im folgenden Passus musterhaft zusammen: *Hätte ich es von Anfang an wie Heinrich, Schwarzschild, Feuchtwanger gemacht, so wäre meine «Stimme» viel mehr im allgemein Emigranti-*

schen untergegangen, meine Möglichkeiten moralischer Einflußnahme wären heute schon abgenutzt. So, wie ich es gehalten habe, bilde ich eine Reserve, die eines Tages noch nützlich werden kann. Auch glaube ich an die natürliche Notwendigkeit einer gewissen Rollenverteilung: Heinrichs Sache war niemals genau auch meine, und warum sollte ich heute, was er unübertrefflich tut, daneben weniger gut noch einmal tun? Hier spielt das Bruderproblem in die Angelegenheit hinein, von dessen mühsam geordneter Schwierigkeit Du Dir kaum eine Vorstellung machst.[101]

Wie ernst ihm die politische Hochschätzung Heinrich Manns bei aller kritischen Sicht auf die moralische Selbstsicherheit des Bruders war, macht eine Tagebuchnotiz aus dem Sommer 1936 deutlich: *Heinrichs Essay-Sammlung «Es kommt der Tag» von Oprecht übersandt. Las darin nach Tische. [...] Vor dem Abendessen und noch abends die Lektüre von H.'s Buch fortgesetzt.*

Heinrich Mann, 1933

Bewegt von diesen oft naiven, aber selbstsicheren und fulminant moralischen Manifesten, von denen ich glaube, daß die Zukunft sie hoch in Ehren halten wird.[102]

Zur Lösung des Problems trug ungewollt der Feuilletonchef der «Neuen Zürcher Zeitung» Eduard Korrodi bei, der am 26. Januar 1936 unter dem Titel «Deutsche Literatur im Emigrantenspiegel» eine Generalabrechnung mit der deutschsprachigen Exilliteratur vornahm, die in eine Abqualifizierung dieser Literatur als angeblich jüdisch mündete und nur für Thomas Mann eine Ausnahme reklamierte. Nun schaltete sich auch Klaus Mann ein, der zusammen mit dem Freund Fritz H. Landshoff im Namen aller Emigranten Thomas Mann telegraphisch aufforderte, auf diesen infamen Artikel zu erwidern. Auch Erika schrieb neue Briefe, und selbst die jüngste Tochter Elisabeth schlug sich auf die Seite der Geschwister. Schließlich verfaßte Katia Mann den Entwurf zu jenem nachgerade berühmt gewordenen *Offenen Brief an Eduard Korrodi*, der Thomas Manns Bekenntnis zum Exil bedeutete. Er erschien am 3. Februar 1936 in der «Neuen Zürcher Zeitung».

Die tiefe, von tausend menschlichen, moralischen und ästhetischen Einzelbeobachtungen und -eindrücken täglich gestützte und genährte Überzeugung, daß aus der gegenwärtigen deutschen Herrschaft nichts Gutes kommen kann, für Deutschland nicht und für die Welt nicht, – diese Überzeugung hat mich das Land meiden lassen, in dessen geistiger Überlieferung ich tiefer wurzele als diejenigen, die seit drei Jahren schwanken, ob sie es wagen sollen, mir vor aller Welt mein Deutschtum abzusprechen. Und bis zum Grunde meines Gewissens bin ich dessen sicher, daß ich vor Mit- und Nachwelt recht getan, mich zu denen zu stellen, für welche die Worte eines wahrhaft adeligen deutschen Dichters gelten:

«Doch wer aus voller Seele haßt das Schlechte,
Auch aus der Heimat wird es ihn verjagen,
Wenn dort verehrt es wird vom Volk der Knechte.
Weit klüger ist's, dem Vaterland entsagen,
Als unter einem kindischen Geschlechte
Das Joch des blinden Pöbelhasses tragen.»

Thomas Mann, Offener Brief
an Eduard Korrodi, Februar 1936

Neben dem Kampf gegen Hitler und der Klärung der persönlichen Lebensumstände war für die Manns in den dreißiger Jahren vor allem die Fortsetzung der in Deutschland begonnenen Werke und die literarische Auseinandersetzung mit dem Exil von zentraler Bedeutung. Im Mittelpunkt von Thomas Manns Schaffen stand die *Joseph*-Tetralogie, die er 1926 in München begonnen hatte. Sechzehn Jahre lang schrieb er an diesem Menschheitsroman, der ihn durch alle Etappen des Exils bis hin nach Pacific Palisades an den Pazifischen Ozean begleitete und ihm ein *Stab und eine Stütze*[103] war. Daß auch hier die Literaturgeschichte sich wieder mit der Familiengeschichte verschränkte, hat Klaus Mann in einem Essay 1936 zum Ausdruck gebracht: *Nun kommt also hier – in New York – eines Tages dieses dicke Paket an: der dritte Band «Joseph in Ägypten» ... Ich wiege das Buch in der Hand; ich schlage es auf, blättre drin; komme ins Lesen. Und – außer der Bewunderung – wieviel Rührung empfinde ich da! Was steigt da auf – wie viele Abendstunden, während derer ich mit den Abenteuern und Schicksalen des jungen Joseph in Ägypterland zum ersten Mal bekannt und vertraut gemacht wurde: Abendstunden in München, in Lugano, in Sanary, am Zürichsee ... Alles, was da vorgetragen wurde und uns amüsiert und nachdenklich gemacht hat, steht nun in diesem dicken Band ... Mir kommt es vor, als ob er nicht nur die Geschichte Josephs und der Menschen, mit denen Joseph es zu tun hatte, enthielte, sondern auch etwas von unserer eigenen Geschichte, in mythisch-würdiger Maskierung ...*[104]

Das literarische Gegenstück in der Familie und in der deutschen Exilliteratur war Heinrich Manns großer *Henri-Quatre*-Roman. *Die Jugend des Königs Henri Quatre* erschien 1935, 1938 folgte dann der abschließende Band *Die Vollendung des Königs Henri Quatre*. Die Entstehung dieses Romans und eine – alles in allem – glückliche Exilzeit in Frankreich waren für Heinrich Mann auf das engste miteinander verwoben. Politisches Engagement und literarische Produktivität gingen in den Jahren seines französischen Exils eine Symbiose ein, wie er selbst bekannte: *Plötzlich sah der persönlich Bedrohte sich über der Grenze, in Frankreich. [...] In der größten Zeitung des Südens schrieb er seine regelmäßigen Artikel, und die meiste Zeit seines achtjährigen*

Aufenthaltes beschäftigte ihn der französische König Henri IV. König Henri IV ist ein hervorragendes Beispiel, daß die Macht über Menschen auch wohltätig sein kann. Während des Zeitalters, das der Autor selbst erlebte, hatte er beinahe nichts anderes gekannt als Mächtige, die schädlich waren infolge Bosheit und Dummheit. Er hatte das Problem der Macht oft behandelt. Eine hohe Genugtuung, endlich die Macht der Güte darzustellen. Ein schöner, erfreulicher Gegenstand erneut die Kräfte, die Phantasie wird noch einmal jugendlich; die Weisheit, falls das Leben etwas von Weisheit hervorgebracht hätte, nimmt Gestalt an. Die beiden Bände Henri IV waren ein ungewöhnlich glückliches Werk, das beste Geschenk des Schicksals.[105]

Mit euphorischen Worten faßten Erika und Klaus Mann das Besondere an Heinrich Manns großem Exilroman zusammen: *Der «Henri IV.» vereinigt in sich aufs eindrucksvollste und glücklichste alle Eigenschaften, die das Werk seines Autors in den verschiedensten Phasen charakterisiert haben: er hat den farbigen Glanz, die sinnliche Glut der Arbeiten aus der italienischen Frühzeit, der «Göttinnen» und der Novellen; den grimmigen Witz, den wir am «Untertan» und am «Professor Unrat» bewundert haben – und das moralische Pathos, das die Essays und die politischen Manifeste auszeichnet. Der «Henri IV.» ist zugleich das Hohe Lied auf Toleranz und sittliche Vernunft – und ein großes, von Farben und Figuren strotzendes Bild von der Schönheit und der Grausamkeit, dem Zauber und der wilden Häßlichkeit des Lebens.*[106] Auch Thomas Mann war voll des Lobes. Er schrieb nach der Fertigstellung des zweiten Bandes an den Bruder: *Das Buch ist groß durch Liebe, durch Kunst, Kühnheit, Freiheit, Weisheit, Güte, überreich an Klugheit, Witz, Einbildungskraft und Gefühl, wunderschön, Synthese und Résumé Deines Lebens und Deiner Persönlichkeit.*[107]

Auch in Reden, Aufsätzen und Essays engagierte sich Heinrich Mann gegen das Dritte Reich. Die Aufsatz-Sammlungen *Der Haß* (1933), *Es kommt der Tag* (1936) und *Mut* (1939) legen davon literarisches Zeugnis ab. Erwähnenswert ist auch seine publizistische Aktivität. Zwischen 1933 und 1940 veröffentlichte Heinrich Mann etwa 80 Artikel in der «Dépêche de Toulouse», einer radikaldemokratisch orientierten Tageszeitung, die vor allem im französischen Südwesten gelesen

Das Domizil des Querido Verlags in Amsterdam, Keizersgracht 333. Dort erschienen von 1933 bis 1939 viele Werke deutschsprachiger Exilautoren, darunter Heinrich Mann, Klaus Mann und Erika Mann. Foto aus dem Jahr 1998

wurde. Herausgeber waren die Brüder Sarraut, die dominierenden Persönlichkeiten der Radikalen Partei Frankreichs. Das schützte Heinrich Mann vor den Übergriffen des Dritten Reiches. *Von den Eigentümern der Zeitung war der eine meistens Minister, immer in der Lage, die Proteste des Hitlerschen Botschafters gegen meine Beiträge abzuweisen.*[108]

Wichtig war in diesen Jahren Heinrich Manns Rolle als Vermittler und Repräsentant in der Volksfront. Mit seinem Ansehen aus der Weimarer Republik vermochte er den geistigen Widerstand gegen Hitler, der von den Nationalkonservativen über die Liberalen und die Sozialdemokraten bis hin zu den Kommunisten reichte, zumindest teilweise zu einen.

Für das Bruderverhältnis bedeutete dies: In der ersten Phase des Exils, in den Jahren bis 1940, war Heinrich Mann eine der entscheidenden Figuren des Widerstandes gegen Hitler. Das Exil brachte die Brüder in den dreißiger Jahren menschlich wieder sehr nahe zusammen. Zum sechzigsten Geburtstag Thomas Manns schrieb Heinrich Mann 1935 in der *Sammlung*, der von Klaus Mann herausgegebenen Zeitschrift: *Das war schon bis jetzt ein weiter Weg, und soll noch weiter führen. Wir haben ihn in demselben Hause angefangen, noch eher war es dasselbe Zimmer. Grosse Strecken sind wir zusammengegangen, während anderer waren wir getrennt. In letzter Zeit traf uns das verwandteste Schicksal: wir hatten es uns natürlich selbst bereitet, jeder für sich, in heimlicher Einmütigkeit. Damit wird uns bedeutet, dass wir niemals Grund gehabt haben, Abweichungen ganz ernst zu nehmen. Ausgegangen von der gleichen Heimat, zuletzt aber darüber belehrt, dass eine Zuflucht außerhalb der deutschen Grenzen das Anständigste, daher Mildeste ist, was könnte uns inzwischen begegnet sein, das nicht in Wahrheit brüderlich war.*[109]

Über die Tragweite seiner eigenen politischen Wirkung machte sich Heinrich Mann allerdings keine Illusionen. In der Rückschau hat er seine Rolle in den dreißiger Jahren folgendermaßen zusammengefaßt: *Dem Comité der Volksfront schulde ich die Anerkennung, daß es mir meine vermittelnde Haltung zwischen den Parteien eher dankte als übelnahm. Ein Sozialdemokrat ging so weit, mir zu sagen, ich wüßte wohl nicht, daß ich das Ganze zusammenhalte. Vor allem lernte ich den politischen Verkehr – mehr oder weniger begabt dafür. Es ist ein Fach, wie Musik oder Algebra. Ich hatte viel Streit zu schlichten, hätte Abtrünnige retten wollen, was indessen wider den Willen der Dinge ist.*[110]

Thomas Mann war erst ab etwa 1937/38 eine ganz wichtige Stimme der deutschen Exil-Schriftsteller – in den USA wohl die wichtigste. Ohne Übertreibung und Neid hat dies Heinrich Mann auf den Begriff gebracht: *Als mein Bruder nach den Vereinigten Staaten übersiedelt war, erklärte er schlicht und recht: «Wo ich bin, ist die deutsche Kultur.»*[111]

Erika Mann konzentrierte sich in den Jahren 1933 bis 1936 ganz auf ihr Kabarett *Die Pfeffermühle* – es war ihre Form des Kampfes gegen Hitler. Fast die gesamte Truppe war mit ins Exil gegangen, und so konnte am 30. September 1933 in Zürich, im «Hotel Hirschen», die Wiedereröffnung stattfinden. «Vom Publikum umjubelt, von der Presse fast ausnahmslos gelobt, von der Fremdenpolizei der jeweiligen Staaten immer mit Beunruhigung und Angst vor Repressalien durch den mächtigen deutschen Nachbarn empfangen, gab die ‹Pfeffermühle› innerhalb von drei knappen Jahren 1034 Vorstellungen. [...] Schon bald mußte sich die ‹Pfeffermühle› auch im neuen Umkreis an Bedrohungen gewöhnen. Es wurden ihr Auflagen gemacht. Direkte Kritik an den imperialistischen und expansionistischen Bestrebungen des Führers hatte sie zu vermeiden, aber auch alle Andeutungen auf die zahlreichen nazifreundlichen Bewegungen in ihren Gastländern zu unterlassen.»[112] Die Lage spitzte sich jedoch in Europa immer mehr zu, und am 14. August 1936 wurde die letzte Vorstellung der *Pfeffermühle* auf dem alten Kontinent gegeben. Es war eine durch Max Reinhardt ermöglichte geschlossene Veranstaltung, die einen ganz konkreten Zweck hatte: den Absprung des Unternehmens nach Amerika zu ermöglichen. Unter den nur sechzehn geladenen Gästen, so berichtet Erika Mann, befand sich auch Marlene Dietrich.

Klaus Mann schrieb eine Reihe von Texten für das Kabarett seiner Schwester. Zugleich verfaßte er in den ersten Jahren des Exils mehrere Romane, publizierte zahlreiche Essays über politische und literarische Themen, besuchte Kongresse und hielt Vorträge. Seine künstlerische Produktivität war immens

> Warum sind wir so kalt?
> Warum, – das tut doch weh!
> Warum? Wir werden bald
> Wie lauter Eis und Schnee!
>
> Beteiligt Euch, – es geht um Eure Erde!
> Und Ihr allein, Ihr habt die ganze Macht!
> Seht zu, dass es ein wenig waermer werde,
> In unserer schlimmen, kalten Winter
>   nacht!
>
> Die ist erfuellt von lauter kaltem
>   Grauen, –
> Solange wir ihm nicht zuleibe gehn;
> Wehrt Euch und kaempft, – und dann
>   lasst uns doch schauen,
> Ob die Gespenster diesen Kampf
>   bestehn!
>
> Bestehn? Ich glaub' es nicht!
> Die Sonne siegt zum Schluss!
> Warum? Weil solches Licht
> Am Ende siegen muss!
>
> Aus Erika Manns Chanson «Kälte», vorgetragen von ihr selbst im zweiten Exilprogramm der «Pfeffermühle»

in dieser Zeit – im Gegensatz zu vielen anderen Exilierten, die in eine Lebens- und Schaffenskrise gerieten. Klaus Mann kam dabei zugute, daß seine seit Mitte der zwanziger Jahre gewohnte Lebensweise – ohne festen Wohnsitz ständig auf Reisen zu sein – es ihm leichter machte, sich mit den schwierigen Bedingungen des Exils zu arrangieren.

Auch im Exil blieb der Kontakt zwischen den Mitgliedern der Familie Mann sehr intensiv. Speziell über ihre Werke tauschten die Manns sich regelmäßig untereinander aus.

Heinrich Mann lobte besonders Klaus Manns Tschaikowsky-Roman *Symphonie Pathétique*. Beeindruckt war der Onkel von der Schilderung des 19. Jahrhunderts, die er als die eigentliche «Familienzeit» begriff, wie er noch gegen Ende der Weimarer Republik mit *Eugenie oder die Bürgerzeit*, dem in der Heimatstadt Lübeck spielenden Roman, gezeigt hatte. An seinen Neffen schrieb er: *Es ist allerdings zu vermuten, daß Du, von der leeren aber munteren Jetztzeit ausgehend, die leistungsfähige Schwermut des anderen Zeitalters entdeckt hast. Ferner möchte ich annehmen dürfen, daß, was in Deiner Familie sonst schon geschehen war, Dir geholfen hat. [...] Deine Stoffwahl war glücklich, aber die «Stoffwahl» ist selbst schon ein Vorgang, eigentlich der entscheidende. Alle Eigenschaften des Wählenden müssen sich beim Anschlagen eines Themas glücklich gruppieren. Nach meiner Erfahrung kommt es in zehn Jahren einmal vor. Dies war nun die Hauptarbeit um Dein dreißigstes Jahr. Ich beglückwünsche Dich.*[113]

Thomas Mann hat sich vor allem zu den beiden späten Exil-Romanen des ältesten Sohnes geäußert: *Mephisto* und *Der Vulkan*. Auffallend ist die intensive Lektüre, die auch Klaus Mann, der den Vater, durchaus ironisch, als einen *Anblätterer*[114] bezeichnete, positiv vermerkte. Den *Mephisto*-Roman bezog Thomas Mann sofort auf seine eigene Geschichte vom *Doktor Faustus* – ein Projekt, das damals ruhte, dessen Wurzeln aber bis auf das Jahr 1905 zurückgehen. Das Lob für den Sohn liest sich dann wie die Vorwegnahme des eigenen Romans in Kurzform: *Die besten und bedeutendsten Momente in Deinem Roman sind vielleicht die, wo die Idee des Bösen vermittelt und gezeigt wird, wie der komödiantische Held seine Sympathie dafür entdeckt und sich ihm dann ver-*

schreibt. Es ist eine richtige Teufelsverschreibung. Daß es den Teufel wieder gibt, ist schon was wert für die Dichtung. Und wie wird sie auch fromm werden, wenn sich auch Gott ihr wieder offenbart, nämlich dadurch, daß die Bösen am Schlusse wirklich der Teufel holt. Worauf wir hoffen.[115]

Eine besonders ausführliche Würdigung erfuhr der 1939 erschienene Roman *Der Vulkan*. Thomas Mann nahm dieses Werk zum Anlaß, sich grundsätzlich über Klaus Manns schwierige Rolle als Schriftsteller im Familienkontext der Manns zu äußern – das Problem des schreibenden Sohnes. *Also denn: ganz und gar durchgelesen und zwar mit Rührung und Heiterkeit, Genuß und Genugtuung und mehr als einmal mit Ergriffenheit. Sie haben Dich ja lange nicht für voll genommen, ein Söhnchen in Dir gesehen und einen Windbeutel, ich konnt es nicht ändern. Aber es ist nun wohl nicht mehr zu bestreiten, daß Du mehr kannst, als die Meisten – daher meine Genugtuung beim Lesen.*[116] Das durchaus Zwiespältige dieses Lobs, das sehr stark die eigene Genugtuung im Auge hatte, erkannte auch Klaus Mann in seiner Antwort, und er ließ es sich nicht nehmen, darauf hinzuweisen, daß *ja auch der väterliche Blick zeitweise etwas besorgt und spöttisch spähte*[117].

Klaus Manns Roman «Mephisto» wurde nach 1945 zum Musterfall für die gescheiterte Rückkehr der Exilliteratur. Der Roman schildert, wie ein Schauspieler, der viele Züge von Gustaf Gründgens trägt, mit tatkräftiger Unterstützung der Nationalsozialisten zum gefeierten Theaterintendanten aufsteigt.
1966 verbot das Hamburger Oberlandesgericht – auf Antrag der Gründgens-Erben – die Verbreitung des Romans in der Bundesrepublik.
1971 bestätigte das Bundesverfassungsgericht diese Entscheidung.
1981 erschien im Rowohlt Verlag eine Neuausgabe.

Der zweite wichtige Punkt war für den Vater, daß der Roman *in der zweiten Hälfte immer ernster, fester und gesunder* und daher zu einem Buch wird, *dessen die deutsche Emigration sich auch unter dem Gesichtspunkt der Würde, der Kraft und des Kampfes nicht zu schämen hat, sondern zu dem sie sich, wenn sie nicht neidisch ist, froh und dankbar bekennen kann. Dazu hat Dir, dem im Grund das Morbide, Erotische und «Makabere» viel mehr Spaß macht, als Moral, Politik und Kampf, die stärkere Schwester verholfen; aber sie hätte Dir nicht dazu verhelfen können ohne Dein großes geschmeidiges Ta-*

lent, das mit Leichtigkeit schwierige Dinge bewältigt, sehr komisch und sehr traurig sein kann und sich rein schriftstellerisch, im Dialog und der direkten Analyse, überraschend stark entfaltet hat.[118]

Szene aus Ottokar Runzes Verfilmung von Klaus Manns «Der Vulkan», 1998. Mit Boris Terral (links) als Kikjou und Christian Nickel als Martin Korella

Wohl niemand hat vorher und nachher mit so großer Prägnanz die menschliche und schriftstellerische Entwicklung Klaus Manns zusammengefaßt wie Thomas Mann in diesen wenigen Sätzen. Daß der Kampf gegen Hitler die stets vorhandene Sehnsucht Klaus Manns nach dem Tode überlagert hat, wird ebenso angedeutet, wie die Tatsache, daß es die kämpferische Erika Mann war, die dem Bruder immer wieder Mut machte und ihn darin bestärkte, sein schriftstellerisches Talent in den Dienst der guten Sache zu stellen. Der Sohn bedankte sich bei Thomas Mann: *Etwas Gescheiteres und Lieberes werde ich nun wohl über diese Sache nicht mehr zu hören kriegen.* Aber es war nicht der Vater allein, der den Maßstab abgab, wie Klaus Mann in seinem Antwortbrief betonte: *Wenn ich Deinen Brief neben den auch-sehr-hübschen von Mielein halte, und dazu eine Kabel-Botschaft von Frau Schwester und einige barock-tiefsinnig-scherzhafte Aperçus von Bruder Golo über den gleichen Gegenstand* nehme, dann muß ich doch sagen: ich habe es gut getroffen mit meiner family, und man kann nicht durchaus einsam sein, so lange man zu was gehört und ein Teil davon ist.[119]

Nun wäre es falsch, die Geschichte der Familie Mann im Exil als eine Idylle zu sehen. Speziell bei Klaus Mann drückt sich in der Fixierung auf die Familie zugleich die Angst vor dem Alleinsein aus. Und auch das Verhältnis zum Vater war keineswegs frei von Spannungen. Wie sollte man schreiben als Sohn eines solchen Vaters? Diese Frage ließ sich nicht verdrängen – zumal sie immer wieder gestellt wurde.

1925 hatte der älteste Sohn zum fünfzigsten Geburtstag Thomas Manns noch in einer Mischung aus Angst und Hoffnung geschrieben: *Mag das ein Problem oder ein Glück für mich sein – oder beides in einem: das ist meine eigenste, privateste und geheimste Sache, dieses problematische Glück, und öffentlich darf das erst dann werden, wenn ich es eines Tages in irgendeine Art Werk oder Gestaltung formen und also über sich selbst zum Sinnbild erhöhen kann.*[120] In den Tagebüchern der dreißiger Jahre liest sich das schon anders. Hier schwankt Klaus Mann ständig zwischen grenzenloser Bewunderung des Vaters, von dem er alles liest und kommentiert, und dem gleichzeitigen Versuch, sich abzugrenzen, zu kritisieren, eine Position als unabhängiger Schriftsteller zu finden. Ein letztlich aussichtsloser Kampf, wie er sich dann in Phasen der Einsicht auch eingestand: *Er siegt, wo er hinkommt. Werde i c h j e aus seinem Schatten treten? Reichen meine Kräfte so lang?* Und am Ende steht das zugespitzte Bekenntnis: *«Grosse Männer» sollten doch wohl keine Söhne haben...*[121]

Eine wichtige Stütze für ihn war das gemeinsame Schreiben mit der Schwester Erika. Zwei Bücher der Geschwister waren es, die 1939 und 1940 in englischer Sprache erschienen: *Escape to Life* und *The Other Germany*. Das erste Buch wurde ein großer publizistischer Erfolg; für Klaus Mann der größte im Exil. Der Text wurde in Deutsch geschrieben und dann ins Englische übersetzt. Ihr Anliegen beschrieben die Geschwister im Vorwort folgendermaßen: *Was wir versucht haben, ist: einen Querschnitt durch die Vielschichtigkeit der deutschen Emigration, ein möglichst lebendiges Bild von der Vielfalt ihrer Gesichter und ihrer geistigen Kräfte zu geben. Wir wollten zeigen und anschaulich machen: es sind nicht einzelne Personen, die aus irgendwelchen Gründen vertrieben wurden. Opfer des Nazi-Fanatismus ist vielmehr eine komplexe Kultur – die wahre deutsche Kultur, die immer ein schöpferischer Teil der europäischen Kultur und der Welt-Kultur war.*[122] Das gelang den beiden Autoren, weil sie keine theoretische Abhandlung über das Exil lieferten und weil sie zudem nicht im traurigen Gestus der Besiegten schrieben, sondern ein sehr farbiges Panorama der in die Fremde getriebenen geistigen Elite Deutschlands gestalteten. Dabei zeigen neben der eigenen Familiengeschichte Namen wie Albert Einstein, Bertolt Brecht, Carl Zuckmayer, Ernst Toller, Max Reinhardt und George Grosz die ganze Spannweite ihrer Exilbeschreibung.

Weniger erfolgreich war Erika mit dem Versuch, die *Pfeffermühle* in den USA fortzuführen. Am 5. Januar 1937 fand zwar in New York eine publizistisch sehr gut vorbereitete erste Aufführung der *Peppermill* statt – Thomas Mann persönlich schrieb für das Programmheft eine Einführung –, aber man traf nicht den amerikanischen Geschmack. Vor allem die Bedrohung durch das Dritte Reich war um diese Zeit noch kein Thema, das in den USA Konjunktur hatte. Außerdem war das amerikanische Publikum mit der europäischen Form des Kabaretts wenig vertraut. Aber Erika Mann ließ sich nicht entmutigen und setzte ihren Kampf auf anderen Feldern fort: als Rundfunk- und Zeitungskorrespondentin – sie bereiste unter anderem mit dem Bruder Klaus Spanien während des Bürgerkriegs gegen Franco –, als politische Rednerin und Publizistin. Dabei pendelte sie zwischen den Kontinenten, wobei ihre britische Staatsbürgerschaft ihr zustatten kam.

Die Geschichten, die sich um den Erwerb ihres britischen Passes ranken, hat die Erika-Mann-Biographin Irmela von der Lühe zusammengetragen. Sie sollen hier wiedergegeben werden, weil sie beispielhaft deutlich machen, wie Erikas Witz und Engagement, ihre Raffinesse und ihr Mut sich auch in politisch schweren Zeiten bewährten. Um einen englischen Paß zu bekommen, mußte Erika einen englischen Mann heiraten.

Erika Mann mit Wystan H. Auden

Das sah sie ganz pragmatisch, und sie fand auch jemanden: «Erika Mann und der zwei Jahre jüngere Wystan Auden: Die Kabarettistin und der Poet hatten sich vorher nie gesehen. Sie trafen sich, um zu heiraten. Drei verschiedene Geschichten gibt es über ihre erste Begegnung. Die erste: Erika nimmt die Eisenbahn von London nach Malvern, wo der Zukünftige als Lehrer lebt und die Zeremonie stattfinden soll. Statt in Great Malvern steigt sie in Malvern Link aus, tritt lächelnd auf den ersten und einzigen Mann zu, der auf dem Bahnsteig steht, und sagt: ‹It is so kind of you to marry me.› Die zweite: Auf dem richtigen Bahnhof steht Wystan. Er eilt auf die einzige Frau zu, die aus dem Zuge steigt, fällt ihr um den Hals und ruft: ‹Darling, how lovely to meet you.› Die dritte ist die angeblich wahre Version. Das Paar hat sich in einem einsamen ‹village pub› verabredet. Wystan – in Begleitung seines Freundes – kommt ein wenig zu spät. In rasantem Tempo fährt er mitten über den Dorfanger, schleift dabei einen riesigen weißen Stein unter seinem Wagen mit und hält mit sportiv quietschenden Bremsen vor der auf der anderen Seite wartenden Erika. Händeschütteln, Begrüßen und Erikas Vorschlag, die Rückfahrt nach Malvern selbst zu steuern, sind eines. Die verdutzten Herren können es nicht fassen, vor ihnen steht eine fast männliche Erscheinung, die außerdem auch noch den Führerschein hat. ‹Ideal› für den homosexuellen Wystan, sagt sein Biograph Humphrey Carpenter.»[123]

Thomas Mann lebte schon seit 1938 in den USA, in einem gemieteten Haus in Princeton an der Ostküste. Bedrohlich war die Lage jedoch für Heinrich und Golo Mann, die sich in Frankreich aufhielten. Das am 22. Juni 1940 zwischen Hitler und dem Vichy-Regime abgeschlossene Waffenstillstandsabkommen verfügte in Artikel 19, Absatz 2 unmißverständlich die Auslieferung aller Personen deutscher Abstammung, die durch die nationalsozialistische Regierung benannt wurden. Dies hatte vor allem für die im Süden lebenden Exilierten, die bis dahin vor dem Zugriff der deutschen Behörden sicher gewesen waren, einschneidende Folgen. Golo war besonderes übel mitgespielt worden. Er hatte sich, obwohl er in der sicheren Schweiz lebte, als tschechoslowakischer Staatsbürger freiwillig zur

«Arts and Sciences Finding Refuge in the U.S.A. – Die geistige Emigration». Triptychon von Arthur Kaufmann, 1938–40, vollendet 1964–65. Städtisches Museum Mülheim an der Ruhr. Im Mittelteil vorn Klaus, Thomas und Erika Mann, links daneben Albert Einstein, zwei Reihen dahinter Heinrich Mann

tschechoslowakischen Legion in Frankreich gemeldet. «Er wurde in der Schweiz noch vom französischen Botschafter feierlich verabschiedet und kam mit den notwendigen Ausweisen und vielen Glückwünschen versehen an die französische Grenze. Dort wurde er als verdächtiger ‹feindlicher Ausländer› festgenommen und von Lager zu Lager geschleift, bis er schließlich nach Les Milles gelangte.»[124] Zusammen mit Heinrich und Nelly Mann sowie dem Ehepaar Werfel gelang Golo Mann dann im Oktober 1940 über den Hafen von Lissabon die Ausreise in die USA.

Eindrücke belanglos[125] -- mit diesen Worten beschrieb Heinrich Mann in einem Brief an Alfred Kantorowicz seine Ankunft in New York, und das sollte so bleiben. Er fand keinen Kontakt mehr zu dieser für ihn fremden Kultur in den letzten zehn Jahren seines Lebens. Der Abschied von Europa war ein fundamentaler Einbruch in seinem Leben: *Der Blick auf Lissabon zeigte mir den Hafen. Er wird der letzte gewesen sein, wenn Europa zurückbleibt. Er erschien mir unbegreiflich schön. Eine verlorene Geliebte ist nicht schöner. Alles, was mir gegeben war, hatte ich an Europa erlebt, Lust und Schmerz eines seiner Zeitalter, das meines war; aber mehreren anderen, die vor meinem Dasein liegen, bin ich auch verbunden. Überaus leidvoll war dieser Abschied.*[126]

Auch im amerikanischen Exil blieb die Familie für Thomas Mann und die Seinen der entscheidende Fixpunkt. Ein Weihnachtsfest in den USA zu der Zeit, als Thomas Mann den Goethe-Roman *Lotte in Weimar* fertigstellte und daraus vorlas, hat Klaus Mann beschrieben. Dabei wird auch die Rollenverteilung von Vater und Mutter und die oftmals unterschätzte Bedeutung Katia Manns, speziell im Exil, wieder deutlich: *Seltsame Konfession unterm Lichterbaum! Wir naschten amerikanisches Gebäck, eine heimatlose Familie in fremdem Land, das Heimat werden sollte. Und der Genius der verlorenen Heimat, der deutsche Mythos sprach ... Das Leben ging weiter, ein neues Vater-Werk näherte sich der Vollendung. Von neun Uhr morgens bis zur Mittagsstunde wurde im Arbeitszimmer gezaubert, so war man es gewohnt, und dabei blieb es, auch im Wartejahr. Was Mutter Mielein trieb und leistete, nicht nur von neun bis zwölf, sondern den ganzen Tag und jeden Tag aufs neue, hatte wohl gleichfalls mit Zauberei zu tun. […] Ihre Pflichten sind ohne Zahl; zahllos die Opfer, die sie bringen muß. Pflichten und Opfer scheinen ihr selbstverständlich: «Dafür bin ich da!» Sie scherzt auch noch, während sie Wunder tut. Sie, die ihr Amt so ernst nimmt, vermeidet die feierlichen Mienen und Gebärden; denn Heiterkeit gehört zu ihrem Amt. Nur für andere da, denkt sie kaum an sich selber: «Wozu auch? Ich bin nicht so wichtig ...» Kein zweites Mitglied der Familie ist so anspruchslos. Und doch gäbe es diese Familie nicht ohne diese Frau und diese Mutter. Was wäre aus uns geworden, was würde aus dem schwierig-schöpferischen Mann*

Thomas Mann bei einer Radio-Ansprache
in New York, 1938

und den sechs nicht ganz einfachen Kindern, wenn unermüdliche Liebesenergie den kleinen Kreis nicht hütete und wärmte?[127]

Nicht wesentlich anders wird das private Leben der Familie in Pacific Palisades, in der Nähe von Los Angeles verlaufen sein, wo Thomas Mann im April 1941 ein neues Haus gebaut hatte und zusammen mit Katia bis 1952 lebte. Ein Jahr vorher hatte Thomas Mann schon den Sommer in Kalifornien verbracht, und in einem Brief an den Bekannten Erich von Kahler klingt einer der zentralen Gründe für die Umsiedlung von der Ost- an die Westküste der USA an: *Hier haben wir ein fast prächtiges, geräumiges Haus in einer Hügel-Landschaft bezogen, die der toscanischen auffallend ähnlich ist. Ich habe, was ich wollte, das Licht, die trockene, immer sich erfrischende Wärme, die gegen Princeton wohltuende Weiträumigkeit, die Steineichen-, Eukalyptus-, Cedern- und Palmen-Vegetation, die Ozean-Promenade, die man mit dem Wagen in wenigen Minuten erreicht, gute Freunde sind auch da, zunächst Walters und Franks, dazu die beiden ältesten Kinder […]*.[128]

Familienbild, Dezember 1944: Links hinten Thomas Mann, davor sein Schwiegersohn Giuseppe Antonio Borgese, neben ihm Katia Mann mit ihren Enkeln Frido und Angelica, Elisabeth mit ihrer jüngsten Tochter Dominica, ganz rechts Michael Mann, vor ihm seine Frau Gret mit Sohn Toni

Die Kinder waren dann auch in den nächsten Jahren häufig da – Monika lebte sogar bei den Eltern. Allerdings hatte sich die Situation verändert, denn Elisabeth und Michael Mann hatten inzwischen eigene Familien gegründet. Elisabeth war seit dem 23. November 1939 mit dem italienischen Historiker Giuseppe Antonio Borgese verheiratet. Das Paar lebte in Chicago. Am 30. November 1940 wurde die Tochter Angelica geboren, am 6. März 1944 folgte deren Schwester Dominica.

Michael Mann hatte am 6. März 1939 die aus der Schweiz stammende Gret Moser geheiratet. Die beiden lebten an der kalifornischen Küste in Carmel und hatten zwei Söhne: Frido, geborem am 31. Juli 1940, und Toni, geboren am 20. Juli 1942. Frido Mann wurde der Lieblingsenkel Thomas Manns und ist im *Doktor Faustus* zu literarischem Ruhm gelangt.

Frido wurde zum Vorbild für den Knaben Echo, der den

Helden des *Faustus*-Romans, Adrian Leverkühn, verzaubert. Thomas Mann spricht in *Die Entstehung des Doktor Faustus* von dem göttlichen Kind, einer *Epiphanie*, und fährt dann fort: *Vor allen Dingen: ich ließ den kleinen Boten seine wunderlichen Sprüche machen, wobei ich Stimme und Akzent des Enkelknäbchens im Ohr hatte, von dem wenigstens eines dieser kuriosen Worte, das «Gelt, da freust du dich, daß ich gekommen bin?» wirklich einmal gesprochen worden war.* Ansonsten ist die Figur durch die Logik des Romans vorbestimmt, und Thomas Mann spricht daher im Hinblick auf seinen Enkel von einem *Verwandlungs- und Erhöhungsakt*. Denn Adrian Leverkühns letzte Liebe durfte in der Geschichte von der Teufelsverschreibung nicht von langer Dauer sein: *Das «göttliche Kind» sollte dem, der nicht lieben durfte, dem Mann der «Kälte», genommen werden, das war längst verhängt und beschlossen.* (GW XI, 291) So stirbt Echo im *Doktor Faustus* nach einem langen und qualvollen Todeskampf an einer Hirnhautentzündung.

Heinrich Mann lebte mit seiner Frau Nelly auch in der Nähe, und zu den Freunden gesellten sich weitere Bekanntschaften, wie überhaupt die Gegend um Los Angeles eine große deutsche Exilkolonie hatte. Theodor W. Adorno, Arnold Schönberg, Bertolt Brecht, Lion Feuchtwanger – sie alle wohnten im näheren Umkreis, um nur einige der wichtigsten Namen zu nennen.

In den letzten Kriegsjahren veränderte sich auch die politische Situation der Emigranten. Immer drängender stellte sich die Frage, was aus Deutschland nach dem Krieg werden sollte und welche Rolle die ins Exil Vertriebenen beim Neuaufbau spielen würden. Es gab eine ganze Reihe von Vereinigungen und Komitees, die sich dieser Frage widmeten. Thomas Mann war eine zentrale Gestalt bei allen Plänen und Beratungen. Über Agnes E. Meyer, seine große Gönnerin, hatte er Kontakte zu den höchsten amerikanischen Regierungsstellen, die für die Emigranten von enormer Bedeutung waren.

Alle Versuche, eine Art deutscher Exilregierung zu gründen, schlugen jedoch fehl. Einen heftigen Konflikt innerhalb der Emigration gab es um das im Juli 1943 gegründete «Nationalkomitee Freies Deutschland». Gründungsmitglieder waren unter anderem Johannes R. Becher und Walter Ulbricht. Wie Lion Feuchtwanger und Bertolt Brecht unterschrieb auch Thomas Mann ein Solidaritätsmanifest dieser Gruppe, zog seine Unterschrift aber am nächsten Tag wieder zurück. Er hatte Angst, von einer kommunistischen Gruppierung instrumentalisiert zu werden. Diese Angst des im Grunde immer noch Unpolitischen dauerte weiter an, so daß er auch spätere Vereinigungen, wie das von Paul Tillich gegründete «Free Germany Committee» und die Nachfolgeorganisation «Council for a Democratic Germany», mied. Über die Ereignisse im Juli 1943 schrieb Brecht das zynische und verletzende Gedicht «Als der Nobelpreisträger Thomas Mann den Amerikanern und Engländern das Recht zusprach, das deutsche Volk für die Verbrechen des Hitler-Regimes zehn Jahre lang zu züchtigen».

> Agnes E. Meyer, geborene Ernst (1887–1970), Amerikanerin deutscher Abstammung, war mit dem Bankier und Finanzpolitiker Eugene Meyer verheiratet, dem Besitzer der «Washington Post». Im April 1937 interviewte Agnes Meyer Thomas Mann. Nach dieser Begegnung begann eine Korrespondenz, der er «mehr Gedanken, Nervenkraft, Arbeit am Schreibtisch» widmen sollte «als sonst irgendeiner Beziehung auf der Welt» (Thomas Mann). Agnes Meyer wurde in den USA, gerade aufgrund ihrer hervorragenden politischen Beziehungen, zu einer unentbehrlichen Helferin Thomas Manns.

Damit wurde – sehr überspitzt – auf die zentrale Frage innerhalb der Emigration angespielt: Wie hatte es gerade in Deutschland zur Herrschaft der Nationalsozialisten kommen können? Zum einen gab es die Zwei-Deutschland-These, vertreten unter anderem von Bertolt Brecht. Diese These ging davon aus, daß die große Mehrzahl der Deutschen von einer Clique von Verbrechern, eben den Nationalsozialisten, unterdrückt werde. Die Vertreter dieser Auffassung wandten sich daher gegen die Annahme einer Kollektivschuld der Deutschen und lehnten alle Pläne der Alliierten ab, die auf einer pauschalen Bestrafungspolitik gegenüber dem besiegten Deutschland bestanden. Thomas Mann hingegen vertrat die Ein-Deutschland-These. Er sah in der Entwicklung Deutschlands seit der Romantik ein Verhängnis, das entscheidenden Anteil an den momentanen Verhältnissen hatte. Er unterstellte eine Affinität zwischen der deutschen Geistesgeschichte und den geistigen Grundlagen Hitlers – eine Affinität, die er ausdrücklich auch auf seine eigene intellektuelle Geschichte bezog.

In seiner berühmten Rede *Deutschland und die Deutschen*, die er im Mai 1945, kurz nach der Kapitulation, in der Washingtoner Library of Congress hielt, heißt es gegen Schluß: *Was ich Ihnen in abgerissener Kürze erzählte, meine Damen und Herren, ist die Geschichte der deutschen «Innerlichkeit» [...]. Eines mag diese Geschichte uns zu Gemüte führen: daß es nicht zwei Deutschland gibt, ein böses und ein gutes, sondern nur eines, dem sein Bestes durch Teufelslist zum Bösen ausschlug. Das böse Deutschland, das ist das fehlgegangene gute, das gute in Unglück, in Schuld und Untergang. Darum ist es für einen deutsch geborenen Geist auch so unmöglich, das böse, schuldbeladene Deutschland ganz zu verleugnen und zu erklären: «Ich bin das gute, das edle, das gerechte Deutschland im weißen Kleid, das böse überlasse ich euch zur Ausrottung.» Nichts von dem, was ich Ihnen über Deutschland zu sagen oder flüchtig anzudeuten versuchte, kam aus fremdem, kühlem, unbeteiligtem Wissen; ich habe es auch in mir, ich habe es alles am eigenen Leibe erfahren.* (GW XI, 1146)

Das schrieb jemand, der kurz vor Ende des Krieges, im Jahre 1944, amerikanischer Staatsbürger geworden war, dessen Söhne Klaus und Golo in der amerikanischen Armee dienten, der aber wußte, daß es jetzt für Deutschland, das er seit über zehn Jahren nicht mehr betreten hatte, um die Existenz ging. Thomas Manns ehrliche Haltung, die die Deutschen zwar sehr kritisch sah, aber zugleich die tiefe Verbundenheit mit diesem geschlagenen Volk zum Ausdruck brachte, kann auch als späte Antwort auf die Position der Tochter Erika verstanden werden. Sie hatte seit Beginn des Krieges eine extrem antideutsche Position eingenommen, die in ihrer Rigorosität selbst von Klaus Mann nicht in allen Konsequenzen geteilt wurde. Basierend auf den unter den deutschen Emigranten sehr umstrittenen Thesen von Lord Vansittart – sie hatte den britischen Diplomaten mehrmals besucht, darüber geschrieben und sich seine These von der notwendigen radikalen Umerziehung ganz

Alliiertes Flugblatt aus dem Jahr 1944, mit dem deutsche Soldaten aufgefordert wurden, sich zu ergeben. Der Text stammt von Klaus Mann.

Deutschlands nach dem Kriege zu eigen gemacht –, hielt Erika Mann im September 1941 beim Internationalen PEN-Kongreß in London einen Vortrag mit dem Titel *Germany today and tomorrow*. Sie sprach dort davon, daß der Verstand der Deutschen *vergiftet* und sie *geistig krank* seien und betonte, daß die militärische Abrüstung von einer moralischen Aufrüstung begleitet werden müsse. Sie plädierte für eine Umerziehung durch die Alliierten und forderte dafür die Mitwirkung der im Exil Lebenden. In aller Schärfe verurteilte sie alle Versuche, schon wieder *vom guten Deutschland* zu reden.[129]

Die ersten Nachkriegsjahre (1945 – 1955)

Klaus Mann war der erste aus der Familie, der nach dem Ende des Zweiten Weltkriegs wieder deutschen Boden betrat. Als Korrespondent der Army-Zeitung «Stars and Stripes» gelangte er, von Salzburg kommend, am 9. Mai 1945 nach München. Am folgenden Tag suchte er das Elternhaus in der Poschingerstraße auf. Er hat darüber in einem großen Brief vom 16. Mai 1945 an den Vater berichtet. Klaus Mann glaubte nicht ernsthaft an eine Zerstörung des Elternhauses und amüsierte sich *beim Gedanken an die Nazi-Bonzen, die wir im «Kinderhaus» wahrscheinlich vorfinden würden, freche Diebe, behaglich eingenistet! Welch ein Spaß, dem Gesindel mit kalter Höflichkeit die Tür zu weisen!*[130] Aber alle Lustigkeit wurde jäh von der Wirklichkeit erstickt. *Ich hatte mir's schlimm vorgestellt, aber es war noch schlimmer. München ist nicht mehr da. Das ganze Zentrum, vom Hauptbahnhof bis zum Odeonsplatz, besteht nur noch aus Trümmern. Ich konnte kaum den Weg zum Englischen Garten finden, so schauerlich entfremdet und entstellt waren die Straßen, in denen ich jedes Haus gekannt. War dies die Heimkehr? Alles fremd, fremd, fremd...*

Und doch auch wieder nicht! Fremd und vertraulich zugleich... Die urvertraute Landschaft wildfremd geworden; das Wildfremde mit Spuren von Urvertrautheit: Dies kommt nur in bangen Träumen vor.[131]

Damit ist die Grundhaltung der Familie Mann gegenüber Deutschland in den ersten Nachkriegsjahren bezeichnet: Das Urvertraute war fremd geworden. Die Liebe zu München, zu Deutschland war natürlich weiterhin vorhanden, ihr stand aber das zwölfjährige Schreckensregime entgegen, das dies alles zerstört und damit fremd gemacht hatte. Die daraus resultierende tiefe Verletzung, die in Klaus Manns Brief über seinen Besuch im zerstörten Haus in der Poschingerstraße zum Ausdruck kommt, gilt es zu bedenken, wenn man manche Einsei-

Mai 1945: Klaus Mann vor dem zerstörten Elternhaus in der Poschingerstraße

tigkeiten und überspitzten Formulierungen aus den folgenden Jahren verstehen will.

Das gilt auch für jenes große Alterswerk, an dem Thomas Mann in den Jahren 1943 bis 1947 in Pacific Palisades schrieb. Beispielhaft verdichten sich darin Persönliches, Politisches und Literarisches. Einer der ersten Hinweise auf das Werk findet sich in einem Brief an Klaus Mann vom 27. April 1943: *Ich möchte gern wieder etwas schreiben und verfolge einen sehr alten Plan, der aber unterdessen gewachsen ist: eine Künstler-(Musiker-) und mo-*

derne Teufelsverschreibungsgeschichte aus der Schicksalsgegend Maupassant, Nietzsche, Hugo Wolf etc., kurzum das Thema der schlimmen Inspiration und Genialisierung, die mit dem Vom Teufel geholt Werden, d. h. mit der Paralyse endet. Es ist aber die Idee des Rausches überhaupt und der Anti-Vernunft damit verquickt, dadurch auch das Politische, Faschistische, und damit das traurige Schicksal Deutschlands. Das Ganze ist sehr altdeutsch-lutherisch getönt (der Held war ursprünglich Theologe), spielt aber in dem Deutschland von gestern und heute. Es wird mein «Parsifal». So war es schon 1910 gedacht, als der politische Einschlag noch vorwegnehmender und verdienstlicher war. Aber ich hatte immer soviel anderes zu tun.[132]

Am 17. Oktober 1947 erschien in der Schweiz der *Doktor Faustus*, jener Roman, der Thomas Mann *am teuersten* war und an dem er hing *wie an keinem anderen*.[133] Schon zehn Tage später hielt er die erste Kritik in den Händen, die sein Verleger Bermann Fischer über den Atlantik gesandt hatte. Sie stammte von Max Rychner, und in der Antwort Thomas Manns dominierte sofort das Deutschlandthema: *Was werden die Deutschen sagen zu diesem Roman? Es ist dafür gesorgt, daß sie eine eigene Ausgabe bekommen. Vielleicht lehrt er sie doch, daß es ein Irrtum war, einen Deserteur vom Deutschtum in mir zu sehen.*[134]

Hier spielt Thomas Mann auf die große Debatte an, die sich um die Frage seiner Rückkehr in das vom Krieg zerstörte Deutschland entsponnen hatte. In einem offenen Brief war er durch Walter von Molo im August 1945 gebeten worden, in die Heimat zurückzukehren. In seiner ausführlichen Antwort, die in den unmittelbaren Nachkriegsmonaten Furore machte, hatte Thomas Mann dieses Ansinnen zurückgewiesen und gleichzeitig auch sein Verhältnis zu Deutschland definiert: *Ja, Deutschland ist mir in all diesen Jahren doch recht fremd geworden. Es ist, das müssen Sie zugeben, ein beängstigendes Land. Ich gestehe, daß ich mich vor den deutschen Trümmern fürchte – den steinernen und den menschlichen.* In diesen Formulierungen wird deutlich, wie die von Klaus Mann vorgegebene Haltung in der Familie fortgeschrieben wurde. Auch gegen alle Bücher, die zwischen 1933 und 1945 erschienen waren, wandte Thomas Mann sich mit großer Schärfe: *Ein Geruch von Blut und Schande haftet ihnen an; sie sollten alle eingestampft werden.*[135] Diese Bemerkungen erregten natürlich Anstoß, und man warf Thomas Mann vor, sich von Deutschland abgewandt zu haben, sich dem notwendigen

---

Viktor Mann
war der einzige der Geschwister Mann, der die Zeit
der Nazi-Herrschaft in Deutschland verbrachte.
1890 geboren am 12. April in Lübeck
1893 Übersiedlung nach München
 Besuch der ersten Klasse des Max-Gymnasiums
1901/02 in Pensionen in Augsburg
1902 Rückkehr nach München wegen guter
 schulischer Leistungen (wieder im Max-Gymnasium)
1903 Realgymnasium in Augsburg
 Besuch eines Internats, Abschluß
 Umzug der Mutter zum Gut Polling
 einjähriges Praktikum am Gut Polling (Oeconomiae Practicans)
 Volontariat am Staatsgut Weihenstephan (zweites Lehrjahr)
1909 Freiwilligenjahr beim Münchener Feldartillerie-Regiment
1910 Studium der Agrikultur in Freising, zwischendurch
 Regimentsübungen, Offiziersprüfung
1914 Diplomexamen
 1. August: Hochzeit mit Magdalena Kilian
 Einberufung, Abreise am Tage nach der Hochzeit
1918 Rückkehr aus dem Krieg
1919 Februar: Arbeit im Außendienst des Amtes für Milchwirtschaft
 Oktober: Aufnahme der Tätigkeit als Sachverständiger
 des Agrarkredits im Bankfach
1939 Oktober: Aufgabe der Tätigkeit als Sachverständiger
 Arbeit als landwirtschaftlicher Experte für die Armee
1945 Wiederaufnahme der Arbeit als Sachverständiger
 des Agrarkredits
1949 21. April: gestorben in München

---

geistigen und moralischen Wiederaufbau zu verweigern. Man übersah dabei häufig, daß Thomas Mann sehr wohl auch von den *unzerreißbaren Banden* mit der Heimat sprach, seinen unausrottbaren *Wurzeln*, und die Beteuerung anfügte: *Nie werde ich aufhören, mich als deutscher Schriftsteller zu fühlen.*[136]

Beim Erscheinen des *Doktor Faustus* trafen 1947 zwei unterschiedliche Haltungen aufeinander. Weite Teile der deutschen Öffentlichkeit sahen in Thomas Mann den unter der Sonne Kaliforniens weilenden Exilierten, der als amerikanischer Staatsbürger mit seinem Vaterland nichts mehr zu tun haben wollte. Auf der anderen Seite stand ein Autor, der einer jüdischen Leserin gegenüber bekannte, beim *Doktor Faustus* handle es sich um ein *Buch, das sich außerordentlich tief in das Deutschtum einwühlt und Gefahr läuft, als eine Verklärung des Deutschtums empfunden zu werden*[137].

Die Debatte um den *Doktor Faustus*-Roman macht die Gespaltenheit im Verhältnis Thomas Manns zu Deutschland während seines letzten Lebensjahrzehnts deutlich. Er lehnte es ab, dort zu leben, an den demokratischen Wiederaufbau glaubte er nicht recht – doch er liebte weiterhin die Kulturnation Deutschland. Kein Zufall war es von daher, daß seine beiden wichtigsten Deutschlandbesuche, 1949 und 1955, den Feiern zu den Geburtstagen Goethes und Schillers galten.

Thomas Mann, der während des Exils für das bessere Deutschland stand, griff bei seiner Wieder-Annäherung an die Heimat auf die Zeit vor dem Krieg, vor Hitler zurück und sah in seiner eigenen Person weiter das geeinte Deutschland als große Kulturnation verkörpert. Im Jahre 1949, zum zweihundertsten Geburtstag Goethes, erhielt Thomas Mann den Goethepreis sowohl aus Frankfurt als auch aus Weimar, mithin aus West- und aus Ostdeutschland. Er nahm beide Preise an und besuchte auch beide Goethestädte, was ihm besonders im Westen manche Kritik einbrachte. Natürlich war die doppelte Preisverleihung ein Politikum, aber Thomas Mann stellte sie bei seiner *Ansprache in Weimar* in eine andere, höhere Dimension: *Es ist, meine Damen und Herren, ein Faktum, das man nicht verkleinern, sondern dessen glückliche Bedeutsamkeit man anerkennen sollte, daß Ost- und Westdeutschland, abseits und oberhalb von allen Unterschieden ihrer staatlichen Regimente, aller ideologischen, politischen und ökonomischen Gegensätze, auf kulturellem Grund sich gefunden und ihre Goethepreise in diesem besonders festlichen Jahr ein und derselben Schriftstellerpersönlichkeit zuteilt haben. Mir erscheint das als eine ermutigende und bemerkenswerte Tatsache, ganz unabhängig von der Person des Preisträgers. In dieser Übereinstimmung in kultureller Sphäre darf man ein Symbol sehen für die öfters schon gefährdet scheinende Einheit Deutschlands, und auch an dieser Stelle will ich die Frage wiederholen: wer sollte denn*

Thomas Mann besucht das östliche Deutschland, 1949.
Ganz rechts Walter Janka, Leiter des Aufbau-Verlags;
links Erika und Katia Mann mit Johannes R. Becher

heute diese Einheit gewährleisten und repräsentieren, wenn nicht ein unabhängiger Schriftsteller, dessen wahre Heimat die freie, von Zonen-Einteilung unberührte deutsche Sprache ist? (GW XIII, 792 f.)

Man kann sich heute kaum noch vorstellen, wie rüde in den frühen Nachkriegsjahren von manchen westdeutschen Publizisten gegen die Exilierten im allgemeinen und die Familie Mann im besonderen argumentiert wurde. So findet sich in einem Artikel zu Thomas Manns 75. Geburtstag, der am 6. Juni 1950 in der «Frankfurter Allgemeinen Zeitung» erschien, die folgende Passage:

«Der Clan Mann ist eine Giftzisterne geworden, und es tröstet nur, daß die Zahl derer, die aus ihr schöpfen, immer geringer wird. Er rührt im Blutbrei der tuberkulösen Lunge mit demselben Eifer wie im gelben Matsch des syphilitischen Gehirns, und ganz besonders haben es ihm Inzeste angetan – sie verbürgen ihm, so scheint es, daß er auf der erwünschten Spitze der Aktualität balanciert. […] Der Giftlack, den er über seine Figuren spritzt, ist ihre eigene Wirklichkeit.»[138]

| 1948 | 1949 | 1950

In übler Art und Weise wird hier auf den Selbstmord Klaus Manns im Mai 1949 und den Tod Heinrich Manns im März 1950 angespielt. Klaus Mann fand sich in den letzten Jahren seines Lebens in Europa zwischen allen Stühlen: zwischen Ost und West, zwischen den exilierten Schriftstellern und denen der Stunde Null, zwischen den Freunden von damals, die ihm von der Inneren Emigration sprachen und letztlich nur reingewaschen werden wollten, wie etwa Emil Jannings, und den amerikanischen Wegbegleitern, die ihm eine zu nachgiebige Haltung gegenüber Deutschland vorwarfen.

Die Tragödie Jan Masaryk war ein Artikel Klaus Manns in der Wiener «Welt am Montag» vom 30. März 1948 betitelt. Der Selbstmord des tschechoslowakischen Außenministers, der sich als Parteiloser in eine kommunistisch dominierte Regierung hatte einbinden lassen, wird in dem Aufsatz im Hinblick auf die eigene politische Situation analysiert. Am Ende des Artikels heißt es: *Sein Drama läßt sich nicht auf eine einfache Formel bringen: man verfälscht es, indem man es vereinfacht. Jan Masaryk fand sich vor einen Konflikt gestellt, für den es keine Lösung gab – es sei denn die tragische, zu der er sich entschloß. Er liebte das Volk und er liebte die Demokratie, aber die neue Volksdemokratie war nicht seine Sache.*[139] Für beide, für Klaus Mann und Jan Masaryk, hieß das

Klaus Mann
bei seinem letzten
Deutschland-Besuch,
Mai 1948

121

unauflösbare Dilemma: Der kapitalistische Westen konnte den Anspruch auf soziale Gerechtigkeit nicht einlösen, während der sozialistische Osten die Freiheitsrechte der Persönlichkeit beschnitt.

Hinzu kam für Klaus Mann eine immer schwieriger werdende private und literarische Situation. *Bin ich am Ende? Kann ich nicht mehr schreiben??*[140] Solche Tagebuchsätze häufen sich in den späten vierziger Jahren. Die Freunde versuchten zu helfen. So verschaffte ihm Fritz Landshoff im August 1948 eine Halbtagsstelle im Amsterdamer Bermann-Fischer/Querido-Verlag. Der Versuch der Lebensstabilisierung mißglückte jedoch, denn schon nach wenigen Monaten gab Klaus Mann die Verlagsarbeit auf.

Gegenüber dem Freund Herbert Schlüter erinnerte er sich in einem Brief vom 18. Februar 1949 an das Schreiben in den *flotten Kindertagen*. Damals habe er eine Sprache gehabt, *in der ich mich flink auszudrücken vermochte; jetzt stocke ich in zwei Zungen. Im Englischen werde ich wohl nie g a n z so zuhause sein, wie ich es im Deutschen w a r – aber wohl nicht mehr b i n.*[141]

Das Tagebuch 1949 beginnt Klaus Mann mit den Worten: *Ich werde diese Notizen nicht weiterführen. Ich wünsche nicht, dieses Jahr zu überleben.*[142] Am 21. Mai 1949 stirbt er in Cannes an einer Überdosis Schlaftabletten.

Die Familie war zutiefst erschüttert. Die Schwester Erika Mann schrieb an Pamela Wedekind: *Es ist entsetzlich viel mit ihm dahingegangen – und nicht nur für mich und für uns. Wüßte ich meinerseits nichts weiter über den Zustand unseres unseligen Planeten, als daß Klaus nicht mehr leben konnte, auf ihm, mir bangte erheblich.*[143] Gegenüber der Freundin Eva Herrmann gestand Erika in aller Deutlichkeit: *Waren wir doch Teile von einander, – so sehr, daß ich ohne ihn im Grunde gar nicht zu denken bin. Nur, daß mir nicht gegeben und erlaubt ist, mich davon zu machen, und daß ich bleiben muß, wiewohl ich im Entferntesten so reich an Gaben, so liebenswert, so l e b e n d i g nicht bin wie er es war.*[144]

Gefragt worden ist nach der Rolle des Vaters. Geredet worden ist über eine Mitschuld am Tod des Sohnes, der darunter gelitten habe, daß der Vater ihn niemals ernsthaft als Schriftsteller anerkannte. Zudem wurde es als lieb- und herzlos empfunden, daß Thomas Mann nicht an der Beerdigung des Sohnes teilnahm, obwohl er sich damals in Europa aufhielt. Dagegen muß in aller Deutlichkeit gesagt werden: Sicher war das Verhältnis zwischen Vater und Sohn nicht frei von Spannungen, und gewiß kann man Thomas Mann gerade gegenüber dem ältesten Sohn manches menschliche Versagen vorwerfen. Es ist aber zu kurz gegriffen und leistet einer falschen Mythisierung der Familie Mann Vorschub, wenn Thomas Mann für den Selbstmord Klaus Manns verantwortlich gemacht wird.

Die Dokumente belegen in diesem Zusammenhang vor allem zweierlei. Zum einen war eine Sehnsucht nach dem Tode bei Klaus Mann schon lange vorhanden. Gedanken über den Selbstmord finden sich in seinen Tagebüchern regelmäßig, und mehrere vergebliche Suizid-Versuche waren seinem Freitod vorausgegangen. Zum zweiten gab es auch in den vierziger Jahren einen durchaus engen familiären Zusammenhalt. Das Verhältnis Klaus Manns zum Vater hatte sich sogar eher gebessert. Eine Stelle aus dem Tagebuch von 1943 mag dies belegen: *Mit Z[auberer] + M[ielein]. – Zum Bahnhof, um E[rika] zu treffen, die von Dallas, Texas, ankommt. «Family reunion» bei den Deckers. Nach dem 5 Uhr Tee Umzug ins Hotel Muehlebach, da die D.s nach New York abreisen. Abendessen, à quatre, im Muehlebach «Grill». Dann, in Eltern's Appartement. Abschied. Zauberer: «Ich bin sehr traurig, dass ihr nun so geht ...» (– in Bezug auf mein eigenes bevorstehendes «shipment» und E's beunruhigend geheimnisvolle Pläne ...) – Beim Abschied umarmt er mich – was noch nie zuvor geschehen ist. Mieleins Augen voller Tränen.*[145]

Ohne Frage gehörte zu den Ursachen für Klaus Manns Selbstmord seine tiefe Verzweiflung über den Verlauf der weltpolitischen Entwicklung nach 1945. In seinem letzten großen Essay *Die Heimsuchung des europäischen Geistes* hat er die eigene Enttäuschung einem jungen schwedischen Studenten in den Mund gelegt: *Wir sind geschlagen, wir sind fertig, geben wir es doch endlich zu! Der Kampf zwischen den beiden antigeistigen Riesenmächten – dem amerikanischen Geld und dem russischen Fanatismus – läßt keinen Raum mehr für intellektuelle Unabhängigkeit und Integrität. Wir sind gezwungen, Stellung zu nehmen und gerade dadurch alles zu verraten, was wir verteidigen und hochhalten sollten.* Der Essay mündet in die Vorstellung des jungen Mannes, eine kollektive Selbstmordwelle von Intellektuellen könne zum politischen Fanal werden, um *die Völker aufzuschrecken aus ihrer Lethargie*[146] – ein Appell, der sich als eine Art politisches Testament Klaus Manns verstehen läßt.

Definitiv erklären wird man einen Selbstmord niemals können, aber soweit der Intellekt eine solche Entscheidung nachvollziehen kann, hat dies Golo Mann getan, der mit seinem Bruder Klaus in den vierziger Jahren mehrfach über dessen Todessehnsucht gesprochen hatte: *Eine Reihe heterogener Ursachen, Kummer über Politik und Gesellschaft, Geldnot, Mangel an Echo, Drogenmißbrauch, addieren sich, aber summieren sich nicht zu dem Ganzen, welches hier der Tod war. Die Neigung zum Tod war in ihm gewesen von Anfang an, er hatte nie alt werden können oder wollen, er war am Ende; günstigere Bedingungen im Moment hätten sein Leben verlängert. Jedoch nur um ein geringes Stück. Damit wird nichts erklärt; nur etwas festgestellt. Auch die These, er sei am Vater gescheitert, erklärt nichts. Gescheitert, nach einem kurzen, selten glücklichen, aber intensiven, auch schöpferischen Leben, ist diese Identität; welche bei einem anderen Vater allerdings eine andere gewesen wäre.*[147]

Ein Element von Ausweglosigkeit oder Mutlosigkeit wohnt auch einem anderen Todesfall in der Familie Mann inne – dem Ende Nelly Manns. Heinrich Manns letzte Jahre in den USA waren von einer zunehmenden Abhängigkeit vom Bruder Thomas Mann geprägt, der ihn finanziell unterstützte. Nelly Mann arbeitete unter anderem als Uniformschneiderin und Krankenschwester, um die schlimmste Not ihres Mannes zu mildern. Ihr Alkoholismus verstärkte sich allerdings unter den drückenden Verhältnissen immer mehr, was vor allem familiäre Konflikte mit sich brachte. Am 26. Juni 1942 schreibt Thomas Mann im Tagebuch: *Heinrich und Frau zum Abendessen. Das Weib betrunken, laut und frech. Störte bei Heinrichs Vorlesung […]. Machte mich krank. Ist das letzte Mal hier gewesen. Zog mich ohne Abschied zurück.*[148] Heinrich Mann hielt dennoch weiter zu seiner Frau. Im Jahre 1944 verschärfte sich die Situation. Weil ein Prozeß wegen ihres riskanten Autofahrens drohte, nahm Nelly Mann am 4. Januar eine Überdosis Schlaftabletten und konnte nur knapp gerettet werden. Sie wurde in eine Nervenklinik eingeliefert, aus der sie floh. Am 17. Dezember desselben Jahres kam dann jede Hilfe zu spät, als sie bei ihrem fünften Selbstmordversuch eine so große Dosis Tabletten nahm, daß sie noch auf dem Weg ins Krankenhaus starb.

Von seiner schriftstellerischen Tätigkeit konnte Heinrich Mann im amerikanischen Exil nicht existieren und er war daher auf finanzielle Hilfe Dritter angewiesen. Aber auch in der Misere versuchte er, seine Würde zu bewahren. Übereinstimmend wird berichtet, daß er sich im Alter verstärkt auf seine großbürgerliche Herkunft aus Lübeck besann und oft sogar in den Dialekt der Heimat verfiel. Heinrich Mann bemerkte dabei sehr wohl, daß das Exil ihm eine Lebensform aufoktroyierte, die seiner Herkunft nicht angemessen war, und er reagierte darauf mit einer Mischung aus Naivität und Starrsinn. Eine von seiner Schwägerin Katia überlieferte Episode macht dies deutlich: *Ich habe ihm in Santa Monica eine sehr nette Wohnung gefunden, gar nicht weit von uns, was natürlich für mich, auch für ihn, viel besser war. Eigentlich war es genau das, was er brauchte. Das Haus hatte einen schönen großen Wohnraum mit einer Ecke zum Essen, Küche, Bad und zwei*

Heinrich Manns zweite Ehefrau Nelly, 1934

Schlafzimmer, eins für ihn und eins für seine Haushälterin, die gleichzeitig auch gelernte Krankenpflegerin war, eine Emigrantin, bei der er es so gut hatte, wie er es mit keiner seiner sonderbaren Frauen je gehabt hat. […] Ich zeigte ihm alles: Sehen Sie mal das schöne große Wohnzimmer, und dort ist Platz für Ihre Regale, dort können wir Ihre Bücherschränke aufstellen. Da ist dann Ihr Schlafzimmer und das ist für Ihre Hilfe. Sagt er: Ja, und wo speist man? Ich sagte: Gott, Heinrich, ich dachte, da in der Wohnzimmerecke? Wenn man den runden Tisch und die Eßzimmerstühle da hinstellt? Ich meine, große Diners geben Sie doch im allgemeinen nicht. Und da drüben ist die Küche mit einer Durchreiche für die Speisen. Aber: Wo speist man! Er hatte seine Ansprüche und brachte sie wieder in dieser sonderbaren Mischung aus Förmlichkeit und Komik heraus.[149]

Heinrich Manns politisches Credo findet sich im großen Werk der vierziger Jahre, dem Memoirenwerk *Ein Zeitalter wird besichtigt*, 1946 erschienen. Es steht am Ende der politischen Biographie Heinrich Manns und ist eine Zusammenfassung seiner eigenen Entwicklung und damit auch ein Dokument von besonderem Rang. Thomas Mann sprach von *einer Autobiographie als Kritik des erlebten Zeitalters von unbeschreiblich strengem und heiteren Glanz, naiver Weisheit und moralischer Würde, geschrieben in einer Prosa, deren intellektuell federnde Simplizität sie mir als Sprache der Zukunft erscheinen läßt* (GW X, 521). Nicht zufällig benutzte der Bruder die Worte *Naivität* und *Simplizität*. Gerade weil Heinrich Mann an den Begrifflichkeiten des 19. Jahrhunderts und den in den vergangenen Jahrzehnten erprobten Kategorien festhielt, finden sich im *Zeitalter*-Buch neben glänzenden Einsichten auch unzulässige Vereinfachungen und politisch problematische Aussagen. Zu sehr etwa setzte er auf die großen Männer in der Geschichte, wobei die Galerie seiner Idole von Bismarck über Churchill und Roosevelt bis hin zu Stalin reicht. Auch seine Sicht der Sowjetunion, speziell bei der Bewertung der Moskauer Prozesse aus dem Jahr 1938, ist politisch einseitig und oft schlichtweg falsch.

Eine entscheidende Stärke in Heinrich Manns Literatur und in seinen politischen Äußerungen ist allerdings die Tatsache, daß er sich immer die Möglichkeit offenhielt, kritisch auf

Heinrich Mann in Santa Monica, 1943

die eigene Position als Intellektueller blicken zu können. Das war eine Fähigkeit, die er dem Bruder Thomas Mann voraus hatte, der dazu nur ganz selten in der Lage war. Werkbezogen wird das im *Zeitalter*-Buch deutlich, wenn Heinrich Mann auf die Entstehung des *Professor Unrat* zurückblickt und den geradezu jugendlichen Leichtsinn hervorhebt, mit dem er das Werk rasch geschrieben habe. Daran knüpft sich ein Nachdenken über literarische Größe und den Rang der eigenen literarischen Produktion: *Das habe ich verlernt. Denn ich erfuhr höchst lebendig, daß auf Jahrhunderte die Größe höchstens einmal trifft und daß lange aushalten muß, wer in seiner begrenzten Laufbahn auch nur der Vollkommenheit vielleicht begegnen soll. Ich habe, um oft vollkommen zu sein, zu oft improvisiert, ich widerstand dem Abenteuer nicht genug, im Leben oder Schreiben, die eines sind. Nicht, daß ich mich belogen hätte: das lohnt nicht, soviel wußte ich immer.*[150]

Literarisch war Heinrich Mann auch im hohen Alter noch tätig. *Der Atem* und *Empfang bei der Welt* waren seine letzten

Romanwerke. *Der Atem*, 1946/47 geschrieben und noch zu Lebzeiten, 1949, im Amsterdamer Querido-Verlag erschienen, thematisiert ein doppeltes Ende: Das Ende des Schreibens und eine letztmalige Thematisierung des Bruderverhältnisses. Der Roman schließt mit den Worten: *Es war still. Die Helligkeit des Gartens war gelöscht. Die Welt schlief gelähmt wie in Nächten ihrer ausgebrochenen Katastrophen, wenn auch wir müde sind und das Wort niederlegen.*[151] Es geht in dem Roman um die letzten Tage der *Dame Kobalt*, die sich auf dem Sterbebett an ihre Schwester Marie-Louise erinnert. Im Verhältnis der beiden Frauen ist, literarisch verfremdet, das Verhältnis der Brüder gespiegelt. *Sehr jung war ich, als du mir schon ansahst, daß ich es bis zu dem Rang einer Sternkreuzordensdame niemals bringen werde. Es verstimmte dich, obwohl du schon damals vorgehabt hast, mich zu überholen. Ich machte es dir leicht, ich war nicht ehrgeizig. Ein sehr großer Fehler. Dich verstimmte, daß ich den Wettbewerb ausschlug, anstatt trotz Widerstand besiegt zu werden. Dies währte, bis du für endgültig hinnahmst, deine, nicht meine Natur sei der Erfolg. Meine, wenn ich mich beim Sterben noch schämen soll, war der Hochmut. Die Ehren der Welt nicht anstreben ist Hochmut.*[152]

Heinrich Mann starb am 12. März 1950, kurz bevor er nach Ostberlin übersiedeln konnte, wo er in das Amt des Präsidenten der Akademie der Künste gewählt worden war.

Thomas Manns letzte Jahre waren vom wachsenden Ruhm, aber auch von politischen Kontroversen gekennzeichnet. Neben seiner Ehefrau Katia wurde die älteste Tochter Erika ihm zur wichtigsten Helferin. Auch politisch hatte Erika großen Einfluß auf den Vater. Nach dem Ende des Kriegs und der sich immer mehr zuspitzenden Kommunistenfeindlichkeit in den USA war sie selbst als politische Rednerin allerdings nicht mehr gefragt. Sie, die während des Weltkriegs vor vielen Menschen erfolgreich für den Kampf gegen Hitler geworben hatte, geriet nun ins weltanschauliche Abseits.

Besonders deutlich wurde das bei ihren Bemühungen um die amerikanische Staatsbürgerschaft. Während des Kriegs waren bereits die Eltern und ihre Brüder Klaus und Golo Bür-

Thomas Manns 75. Geburtstag, 1950: in der Mitte der Jubilar mit seiner Frau Katia, links ihre Schwiegertochter Gret, rechts Erika, Elisabeth und Michael

ger der USA geworden. Ihr eigener Antrag, 1947 erstmals gestellt, fiel der veränderten weltpolitischen Konstellation zum Opfer. Es gab – wie auch bei Thomas, Heinrich und Klaus Mann – eine FBI-Akte über sie, die sie allerdings nie zu Gesicht bekommen hat. Auch ein offenes Nein bekam sie nicht zu hören, sondern es gab immer nur Verschleppungen und Verzögerungen. Gegen den Rat vieler Freunde zog sie schließlich am 11. Dezember 1950 ihren Antrag auf Einbürgerung zurück. Ihr öffentlicher Absagebrief ist ein Beleg für die Situation vieler europäischer Intellektueller in den USA nach 1945. Die Kernsätze lauten: *Der Nazismus vertrieb mich aus meinem Geburtsland Deutschland, wo ich ziemlich erfolgreich gewesen war; Hitlers wachsender Einfluß in Europa veranlaßte mich, den Kontinent zu verlassen, in dem ich auf Gastspielreisen mit meiner eigenen Show über tausend Vorstellungen gegeben hatte; und jetzt sehe ich mich – ohne eigenes Verschulden – ruiniert in einem Land, das ich liebe und dessen Staatsbürgerin zu werden ich gehofft hatte.*[153] Erika

Mann versuchte – nicht ohne Verbitterung – ihre geistige Unabhängigkeit auch im Kalten Krieg zu erhalten: *Wir Überlebenden hängen in der vergifteten Luft zwischen West und Ost, und wissen nicht, wie lange man uns selbst dort noch wird hängen lassen.*[154]

Erikas Leben fixierte sich immer mehr auf den Vater. In den Jahren zwischen 1945 und 1955 wurde sie für ihn zur unersetzlichen Begleiterin. Sie organisierte seine Reisen, kürzte, überarbeitete und übersetzte seine Vorträge, ja griff sogar in die künstlerische Produktion ein, wie etwa ihre vielen Korrekturvorschläge zu Thomas Manns letztem Roman, dem *Felix Krull*, zeigen. Sie war es auch, die die Übersiedlung Thomas Manns in die Schweiz im Jahre 1952 abwickelte, die in Erlenbach und dann in Kilchberg die Häuser aussuchte, in denen die Eltern fortan lebten.

Ihr eigenes Werk trat dabei immer mehr in den Hintergrund. Ein autobiographisches Buch über das Exil, einem Londoner Verlag zugesagt, wurde nicht vollendet. Für Kinder begann sie jedoch wieder zu schreiben. Ihr Kinderbuch aus den dreißiger Jahren wurde wieder aufgelegt, und sie schrieb eine neue Kinderbuchserie über den kleinen Jungen Till, der Mitglied im berühmten Knabenchor *Die Zugvögel* wird. Vier Teile erschienen zwischen 1953 und 1959. In der Alten Landstraße 39 in Kilchberg lebte sie im Hause der Eltern, und dieser neue Familienort, das letzte Haus in der langen Reihe der Mannschen Villen, blieb auch nach dem Tod Thomas Manns ihr Zuhause. Ihre Hauptaufgabe wurde es, den wachsenden Ruhm des Vaters zu verwalten. Sie überwachte auch die Verfilmungen der Werke Thomas Manns und spielte wiederholt selbst darin mit – so als Oberschwester Amalie in *Königliche Hoheit* von 1953.

Golo Mann schildert seine Ankunft im besiegten Deutschland aus der Perspektive des Exilierten, der heimkehrt: *Da war nun kein Jubel, obwohl ja auch so mancher Deutsche sich befreit fühlte. Da war, im Herzen des Zurückkehrenden, nur Scham; Scham über die unsagbaren Greuel, welcher seine eigene Nation sich schuldig gemacht hatte; Scham auch über die Rache, von der sie nun ereilt*

Kilchberg am Zürichsee, Alte Landstraße 39:
Thomas Manns letztes Wohnhaus

wurde. Sicher doch, wir hatten Recht behalten, zweimal; der weiten Welt gegenüber, die wir jahrelang vergeblich davor gewarnt hatten, daß das Scheusal Krieg machen würde und welche Art von Krieg; den Deutschen gegenüber, denen wir prophezeit hatten, was dieser Krieg auch für sie zum Schluß bedeuten würde. Aber es ist nicht schön, auf solche Weise Recht zu behalten.[155]

Golo Mann schied im Dezember 1945 aus dem Dienst der US Army aus und arbeitete von Januar bis Oktober 1946 am Radio Frankfurt, zusammen mit anderen ehemaligen Emigranten wie Erich Lissener, Hans Mayer, Stephan Hermlin und Gabriele Strecker. Im November 1946 kehrte er zu den Eltern nach Pacific Palisades zurück, wo er jedoch nur kurze Zeit wohnte. Ihn zog es vielmehr nach New York, wo er sechs Monate für die American Broadcasting Corporation als verantwortlicher Leiter der Sendungen nach Deutschland tätig war. Danach wechselte er aus dem journalistischen in das wissenschaftliche Fach. Im Herbst 1947 wurde er als Geschichtsdozent an das Claremont Men's College berufen, an dem er – mit längeren Unterbrechungen – bis 1958 blieb.

Lebensorte Thomas Manns

Februar 1905 – Oktober 1910
 München, Franz-Josephstraße 2[III]
Juli 1909 – September 1917 Landhaus
 in Bad Tölz
Januar 1914 – Februar 1933 München,
 Villa Poschingerstraße 1, «Poschi»
Juli 1930 – September 1932 Sommerhaus in Nidden, kurische Nehrung
Juni – September 1933 Sanary-sur-Mer,
 Villa «La Tranquille»
September 1933 – September 1938
 Küsnacht bei Zürich, Schiedhaldenstraße 33
September 1938 – März 1941 Princeton, N. J., 65 Stockton Street
Februar 1942 – Juni 1952 Pacific
 Palisades, Kalifornien, 1550
 San Remo Drive
Dezember 1952 – April 1954 Erlenbach bei Zürich, Glärnischstraße 12
April 1954 – August 1955 Kilchberg
 bei Zürich, Alte Landstraße 39

Das letzte Lebensjahr Thomas Manns brachte 1955 noch eine Reihe von herausragenden Ereignissen. Am 25. Mai erhielt er die Ehrenbürgerwürde seiner Heimatstadt Lübeck. Über die Annahme dieser Ehrung hatte es in der Familie einen intensiven Streit gegeben; besonders Erika Mann votierte im Familienrat strikt dagegen. Aber Thomas Mann hatte sich durchgesetzt. Seine Begründung läßt die in den letzten Lebensjahren immer stärker in den Vordergrund tretende Absicht deutlich werden, das eigene Leben als Kulturprodukt zu sehen. Thomas Mann verstand sich, auch hierin dem großen Vorbild Goethe folgend, immer mehr als historische Person, und so führte er gegen die *Umständlichkeit und Peinlichkeit* als Gründe für die Zusage *sentimentale Regungen*, den *Gedanke an «Papa» u. ein Gefühl für biographische Rundung* an.[156] In seiner Dankesrede heißt es dann auch, es hätte ihm viel bedeutet, wenn sein Vater noch hätte *sehen können, daß ich mich eben doch, gegen alles Erwarten, auf meine Art als sein Sohn, sein echter erweisen konnte* (GW XI, 535).

Nach der Feier des achtzigsten Geburtstags und den Schillerfeiern in Frankfurt und Weimar erholte sich Thomas Mann in Holland an der Nordsee von den Strapazen der vielen Festlichkeiten. Eine Erkrankung zwang zum Rücktransport in das Kantonsspital nach Zürich. Dort starb er am 12. August 1955. Über die Todesursache schreibt Erika Mann: *Übrigens hat die*

Sektion das Rätsel seiner Krankheit und seines Endes gelöst: das Herz war in ganz ungewöhnlichem, radikalem Maße verkalkt, auch die große Arterie des erkrankten Beines war dies, und dasselbe gilt von sämtlichen Zweigen mit Ausnahme des Gehirns. Sein Leben, sagen die Ärzte, hat seit langem an einem Haar gehangen, und wie es möglich für ihn war, die körperlichen und geistigen Strapazen der letzten Monate zu bestehen, bleibt phänomenal, ja mysteriös, – ein Sieg des Geistes über die Materie.[157]

Neuere Untersuchungen der Obduktionsergebnisse und der Krankheitsakten zeigen, daß die Einschätzung Erika Manns von den medizinischen Fakten her nicht gedeckt ist. Wie bei vielen berühmten Persönlichkeiten gilt auch hier: unmittelbar nach dem Tode beginnt die Legendenbildung. Speziell die Formel vom Sieg des Geistes über die Materie resultiert dann auch nicht aus den Untersuchungsergebnissen, sondern gründet weit eher im Werk Thomas Manns, in dem der Gegensatz von Geist und Materie eine zentrale Rolle spielt.

Bis in die Gegenwart (1955 – 1999)

Ob bewußt oder unbewußt stellte sich für alle Mitglieder der Familie Mann nach 1955 zuallererst die Frage, wie man mit dem sich mehrenden Ruhm des Vaters umging. Vom Namen Thomas Manns konnte Glanz ausgehen, es konnte freilich auch ein Schatten geworfen werden.

Golo Mann hat in einer vielzitierten Äußerung gesagt, er habe als eigenständiger historischer Schriftsteller erst zu seiner Sprache gefunden, nachdem Vater, Onkel und Bruder gestorben waren. Das deckt sich mit der Tatsache, daß sein literarisch-wissenschaftlicher Durchbruch mit dem Erscheinen der *Deutschen Geschichte des 19. und 20. Jahrhunderts* im Jahre 1958 begann. In diesem Jahr war er auch nach Deutschland, auf eine Gastprofessur in Münster zurückgekehrt. Schon 1960 übernahm er dann einen eigens für ihn eingerichteten Lehrstuhl für Politische Wissenschaften an der Technischen Hochschule in Stuttgart.

Für die Rückkehr nach Deutschland waren bei ihm vor allem zwei Gründe ausschlaggebend gewesen. *Obwohl ich französisch, zeitweise leidlich, später englisch glatt genug schrieb, nie hätte ich ein französischer oder amerikanischer Autor sein können. Dafür brauchte ich den deutschen Sprachraum, und der besteht, gewaltig überwiegend, aus dem eigentlichen Deutschland.*[158] Der andere Grund war ein politischer und hängt ganz eng mit der Frage der Vergangenheitsbewältigung zusammen, die Golo Mann als Emigrant sehr ernst nahm und die für ihn natürlich mit der Familiengeschichte verbunden war. Prägnant zusammengefaßt ist seine Position in der nachfolgenden Passage aus einem Vortrag über den Antisemitismus, den er 1966 auf dem Jüdischen Weltkongreß in Brüssel hielt: *Da meine Mutter aus einer jüdischen oder überwiegend jüdischen Familie stammt, da mein Vater Deutschland 1933 in Protest für immer verließ und auch ich selber als junger Mensch damals emigrierte, so könnte ich vielleicht behaupten, mich Ihnen gegenüber «entlastet» zu fühlen. Aber ich kann es nicht. Ein Deutscher, in meinen Augen, ist ein Deutscher, ein deutscher Schriftsteller ist ein deutscher Schriftsteller, und das, was man «Kollektivscham» genannt hat, was aber, fürchte ich, in Deutschland heute nicht so sehr kollektiv ist, trifft ihn mit.*[159]

Nach seiner Rückkehr wurde Golo Mann in der Bundesrepublik zu einem der einflußreichsten politischen Schriftsteller. Im Laufe der fünfziger Jahre begann er seine publizistische Tätigkeit in Zeitschriften wie «Der Monat» und «Merkur»; später dann hat er in zahlreichen großen schweizerischen und westdeutschen Zeitungen und Zeitschriften Artikel zu Fragen der Zeitgeschichte veröffentlicht. 1964 gab er seine Professur aus gesundheitlichen Gründen auf und lebte von da an als freier Schriftsteller. 1971 erschien sein Opus magnum, die *Wallenstein*-Biographie. Das Werk stand monatelang auf den Bestsellerlisten und wurde knapp zehn Jahre später sogar verfilmt. Dieser Erfolg gehört zu einer angemessenen Würdigung des historischen Werkes von Golo Mann unbedingt hinzu. Er weist hin auf das Grenzüberschreitende seines Œuvres, in dem die Geschichte zur Literatur wird. Man betritt damit speziell in der Wissenschaftsgeschichte der deutschen Historiographie ein schwieriges Terrain.

Golo Manns historische Arbeiten stehen in einem Spannungsfeld, das schon lange vor ihm ein großer Schriftsteller der Deutschen in aller Prägnanz und Gültigkeit zum Ausdruck gebracht hat. Heinrich Heine schildert um 1828 folgendes Ereignis: Er geht mit einem Freund über den Jahrmarkt, wo sie erleben, wie als öffentliche Attraktion «die Geschichte des Belisars in grell kolorierten Bildern ausgehängt» ist. Als Quelle dient aber nicht der antike Geschichtsschreiber Prokop von Cäsarea, sondern das im Jahre 1826 uraufgeführte Trauerspiel «Belisar» von Eduard von Schenk. Der Freund empört sich und versteigt sich zu dem Ausruf: «So wird die Geschichte verfälscht.» Damit war er beim Spötter Heine aber an der falschen Adresse, dieser konterte: «Seltsame Grille des Volkes! Es verlangt seine Geschichte aus der Hand des Dichters und nicht aus der Hand des Historikers. Es verlangt nicht den treuen Bericht nackter Tatsachen, sondern jene Tatsachen wieder aufgelöst in die ursprüngliche Poesie, woraus sie hervorgegangen sind.» Heine setzte die poetische Geschichtsschreibung ab von den in seinen Augen stillosen und unlesbaren Wälzern der «stolztrockenen Historiographen und pergamentenen Staatsarchivare»[160].

Golo Mann mag in vielem das Gegenteil des fortschrittlichen Poeten und Essayisten Heine gewesen sein; was das Verhältnis zur Geschichte angeht, stand er voll und ganz in der von Heine propagierten Tradition: Historiker und Schriftsteller, so wurde er immer wieder in der Öffentlichkeit tituliert. Und das hat seine Richtigkeit.

In den siebziger Jahren ist Golo Mann in einen sehr produktiven Streit mit Historikern der 68er Generation geraten, die damals zornige junge oder jüngere Männer waren und heute zu den Großordinarien der deutschen Geschichtswissenschaft zählen. Beachtung gefunden hat besonders seine Auseinandersetzung mit Hans-Ulrich Wehler. Es ging dabei um die Fragen: Wieviel Methode und Theorie benötigt die Geschichtswissenschaft, und wie wirkt sich das auf die Darstellungsweise aus?

Golo Manns Antworten gehen von einer auf den ersten Blick sehr profanen Prämisse aus. Er behauptet nämlich: *Der Beweis des Puddings ist im Essen.*[161] Will sagen: Die Reaktion der Leser, die Tatsache, ob ein Buch benutzt wird, Einsichten fördert, eben Geschichte macht, ist entscheidend. Auf der einen Seite gibt es die Spezialstudien der Historiker, die meist eine Auflage von wenigen tausend Exemplaren nicht übersteigen; auf der anderen Seite gibt es das *Wallenstein*-Buch, von dem inzwischen über eine Viertelmillion Exemplare verkauft und viele Übersetzungen erschienen sind. Auch einen vierteiligen Fernsehfilm hat man nach diesem Buch gedreht.

Für Golo Mann waren gutes Erzählen und gutes Schreiben über Geschichte kein Gegensatz. Unausgesprochen wehrte er sich damit gegen ein in den Tiefen der deutschen Gelehrtenseele schlummerndes Vorurteil: Daß nämlich alles Wissenschaftliche schwer und sperrig, mit grundlegenden theoretischen Fundamenten daherkommen müsse. Für Golo Mann war die Historie ein *wahrer Roman mit Lücken. Wahr, weil nichts erfunden werden darf, Roman, weil erzählt wird, mit Lücken, weil man nicht alles weiß.*[162] In diesen Worten finden wir das Programm des *Wallenstein*-Buches und des Historikers Golo Mann in komprimierter Form.

Ein Historiker muß mit den Lücken leben. Die Quellen und Überlieferungen zeigen nie das Ganze – das gilt für die jüngste wie für die älteste Geschichte. Nur der Grad des Bekannten ist unterschiedlich. Golo Mann hat sich die Freiheit genommen, diese Lücken zu benennen und über sie, teils auch spekulativ, zu räsonieren. Dies ist mit Sicherheit ein Grund für den Erfolg seiner Werke. Seine Ehrlichkeit, das uneitle Erzählen, basiert darauf. *Ich glaube an die ganze Theoriebedürftigkeit der Geschichte nicht. Die Historie ist eine Kunst, die auf Kenntnissen beruht, und weiter ist sie gar nichts.*[163]

Dieser kleine Exkurs hat eines deutlich gemacht: Es wäre falsch zu sagen, daß Golo Manns literarisch-historisches Werk gegen die Familie entstanden wäre. Der Fall liegt komplizierter. Es sind zwar die eigenen Erfahrungen und Voraussetzungen, die das Besondere seiner Schriften ausmachen. Sie haben ihn geprägt und ihm die Unabhängigkeit – nicht nur im Geistigen – verschafft, die Basis seiner Arbeit gewesen ist. Er persönlich hat sich aber schon als junger Mann dabei nicht nur in der jeweiligen Aktualität gesehen, sondern in einem großen Familienzusammenhang.

Eindrucksvoll kommt dies bei seinem ersten und einzigen Lübeck-Besuch zum Ausdruck, den er in einer Tagebucheintragung vom September 1932 festgehalten hat. Obwohl er einen ganzen Tag in der Stadt verbracht hatte, gibt es keine Notizen über das Äußere, über die Bauten und Menschen. Statt dessen dominiert der Besuch am Familiengrab. Alle Mitglieder der Familie werden aufgezählt, vom Senator Thomas Johann Heinrich Mann, dem Vater von Thomas und Heinrich Mann, bis hin zu Klothilde Mann, die in *Buddenbrooks* ihr literarisches Denkmal erhalten hat. Am Schluß aber schreibt der Dreiundzwanzigjährige den fast prophetisch anmutenden Satz: *Frage ich mich aber, woher ich die Kraft zu nehmen hoffen kann, um all den Übeln dieser Zeit, die mir noch bevorsteht, leidlich zu begegnen, so weiß ich wohl, daß es derselbe Ort ist, wo er sie auch hergenommen hat und daß er nicht allzuweit entfernt ist von Joh. Siegmund Manns Erbbegräbnis.*[164]

Golo Mann, um 1983

Neben das Historische trat bei Golo Mann in den siebziger und achtziger Jahren vermehrt auch das Einmischen in Fragen der aktuellen Politik. In einer 1998 erschienenen politischen Biographie heißt es zusammenfassend über diese Lebensphase: «Manns Aktivitäten als politischer Kommentator dehnten sich auf Radio und Fernsehen aus. Ab 1974 führte er, als Nachfolger von Günter Gaus und dessen Fernsehserie ‹Zu Protokoll›, für einige Zeit eine Reihe von Fernsehinterviews mit prominenten Politikern. […] Neben der Anerkennung aber bekam er, vor allem als politischer Kommentator, auch viel Kritik. Seine eigenwilligen, stark ethisch gefärbten Positionsbestimmungen – Stellungnahmen, die nicht in den traditionellen Rahmen von links und rechts paßten – riefen Einwände unvermeidbar hervor. An Kritik hatte er sich jedoch seit den dreißiger Jahren gewöhnt. Golo Mann mischte sich in allerlei große und weniger große Debatten in der Bundesrepublik ein. Selbstverständlich äußerte er sich ausführlich zum Problem des Umgangs der Deutschen mit ihrer jüngsten Vergangenheit. Er beteiligte sich ebenfalls an Debatten über die Ostpolitik, über die Jugendrevolte in den sechziger Jahren, über die Pläne zur Bildungsreform in den frühen siebziger Jahren, über den Terrorismus der extremen Linken und über den von Zeit zu Zeit wiederauflebenden Nationalsozialismus.»[165]

Daß auch Golo sich, wenn auch auf eine eigenständige Art und Weise, im Rahmen der Familientradition der Manns bewegte, zeigt nicht zuletzt die Tatsache, daß er nach 1964 überwiegend in Thomas Manns letztem Haus in Kilchberg wohnte, bis 1969 gemeinsam mit der Schwester Erika und bis 1980, als sie im Alter von 97 Jahren starb, mit der Mutter Katia.

Bei Erika Mann, der Schwester und engsten Vertrauten des Vaters, verliefen die letzten Jahre gänzlich anders. *Ich bin nur noch ein bleicher Nachlaßschatten*, lautete ihre eigene Formel dafür.[166] Damit war vor allem die Bemühung um das Werk des Vaters, aber auch das des Bruders Klaus gemeint.

Was der Verlust des Vaters für Erika bedeutete, hat kaum jemand so genau beschrieben wie der Dirigent Bruno Walter, der mit Thomas Mann über Jahrzehnte befreundet war und den mit Erika zeitweise ein Liebesverhältnis verband: «Selten wohl hat es ein schöneres, lebensvolleres, fruchtbareres Vater-Tochter-Verhältnis gegeben als das Eure, und für Euch beide fühlte ich mich glücklich, wenn ich daran dachte. Welch einen Herzenstrost, welche Lebenswärme und auch welche aktuelle geistige Hilfe konntest Du ihm in immer höherem Maße bedeuten, und welch eine Quelle unaufhörlicher bedeutendster Einwirkung auf Deine eigene geistige Entwicklung, welch dankbarer Empfänger für die Gaben Deiner lebendigen Geistigkeit und Deiner liebevollen Weggenossenschaft war sein edles Herz! Ich sollte denken, eine so wahrhaft fruchtbare und harmonische Beziehung wie die zwischen Euch wird ihren Segen über Dein ganzes ferneres Leben ergießen und das Gefühl davon was Du ihm warst, was er Dir war, muß Dir in all dem Schmerz über den Verlust zu einer Quelle tiefsten Trostes werden.»[167]

Dies trifft bei allem Pathos auch die Nachgeschichte, denn die Beziehung zum Vater bestimmte in der Tat das «ganze fernere Leben» Erika Manns. *Etwas hohl und müßig bleibt freilich der Zeitvertreib, da er ihm selbst nicht mehr gilt, ihn nicht mehr unterhalten und zum Lachen bringen kann.*[168] Sätze ähnlichen Inhalts finden sich bis zum Tod immer wieder in ihrer Korrespondenz. Neben einem kleinen Buch, *Das letzte Jahr* betitelt, war es vor allem die Zusammenfassung der Briefwerke Thomas Manns in einer dreibändigen Auswahlausgabe für den S. Fischer Verlag, die sie über Jahre hinweg intensiv mit Leben und Werk des Vaters verband. Sie hat dann auch eingestanden, *daß die drei T. M.-Briefbände, die ich in sechsjähriger Arbeit ediert habe, sehr wohl so etwas darstellen wie eine Selbstbiographie*[169].

In vielerlei Hinsicht spielten immer wieder Thomas Mann und die Familie in Erika Manns Leben hinein. So etwa beim Bruch mit Theodor W. Adorno, mit dem sie in einem ausführlichen Briefwechsel stand. Das Verhältnis war schon immer ein wenig labil gewesen, weil Adorno sich in Erikas Augen zuviel auf die intensive Beratung Thomas Manns bei den musikalischen Passagen des *Doktor Faustus* eingebildet hatte. Die ausführliche Darstellung dieser Tatsache in Thomas Manns zwei Jahre nach dem Roman erschienenen Essay *Die Entstehung des Doktor Faustus* hatte dann auch den Unmut der Tochter hervorgerufen. Adorno war freilich ein großer Bewunderer Thomas Manns und hat sich wiederholt sehr klug und einfühlsam über ihn geäußert. Das konnte auch Erika nicht übersehen, die dem Philosophen dafür ausdrücklich dankte.

Ein erster Schatten fiel durch Golo Mann – der ein sehr gespanntes Verhältnis zu Adorno hatte – auf die Beziehung. Golo hatte über seine Erfahrungen als Student am Ende der Weimarer Republik auf einem Kongreß in München davon gesprochen, daß die Professoren zwar *ihre Intelligenz exhibitioniert, aber den Studenten in deren Lebensfragen kaum Hilfe gegeben.* «Revenants» *wie Adorno täten ja heute wieder das gleiche…*[170] Adorno beschwerte sich bei Erika, die die Sache jedoch bagatellisierte und ihren Bruder in Schutz nahm, bezeichnenderweise mit der Berufung auf Thomas Mann, der gegen *das fragliche Sätzchen*, so die Tochter, nicht das mindeste einzuwenden gehabt hätte. *Und zwar nicht nur wegen dessen Harmlosigkeit, vielmehr, weil es überhaupt nicht seine Art war, seinen Kindern irgend dreinzureden in ihrem Tun. Ganz, wie er, auf der anderen Seite und bei aller Liebe zu uns, nicht daran dachte, unseren Feinden zu verübeln, was sie gegen uns unternahmen.* Hier ist das Prinzip der absoluten Liberalität, der auf der Kunst basierenden moralinfreien Erziehung – mit allen positiven und negativen Folgen für die Kinder – sehr gut auf den Punkt gebracht. Auch die innerfamiliären Meinungsverschiedenheiten wurden in diesem Zusammenhang thematisiert, denn gerade zwischen Golo und Erika gab es in weltanschaulicher Hinsicht große Unterschiede. *Golo, ein sehr konservativer Historiker, schreibt gar manches, was mir nicht in den Kram paßt, und ich, das Gegenteil einer sehr konservativen Historikerin, schreibe fast nur, was Golo nicht in den Kram paßt. Deshalb herrscht noch immer eitel Frieden zwischen uns. Wo kämen wir denn auch hin, wenn nicht, wenigstens innerhalb der engsten Familie die Meinungsfreiheit garantiert wäre, die allerorten garantiert zu sehen wir natürlich wünschen.*[171]

Zum Bruch mit Adorno kam es dann, als in einer Frankfurter Studentenzeitschrift eine mit positivem Akzent versehene Kritik Adornos von Gedichtvertonungen des NS-Reichsjugendführers Baldur von Schirach aus dem Jahre 1934 nachgedruckt wurde. Erika Mann schrieb voller Ironie: *Die paar unbedachten Sätze! Und dreißig Jährchen after the event. Am lästigsten waren – und sind – mir die Anfragen danach, ob denn T. M. von dieser Sache gewußt habe.*[172] Adorno dankte für die in seinen Augen erfolgte Salvierung und wurde von der völlig perplexen Erika Mann in aller Deutlichkeit über den eigentlichen Sinn ihres Briefes informiert. An zentraler Stelle rangierte wieder einmal die Meinung des Vaters: *Und T. M.? Glauben Sie ernsthaft, Ihre «Jugendtorheiten» hätten ihn «kühl gelassen»? Wie, wohl, hätte er sich verhalten? Wäre es zum Bruch gekommen? Kaum. Aber eine Standpauke hätte er Ihnen gehalten, mit der verglichen*

141

Erika Mann

«Wotans Zorn» eitel Ballgeflüster gewesen wäre, und ein Rest von Widerwillen und Mißtrauen wäre bestehen geblieben, – unausrottbar.[173]

Der Bruch mit Adorno weist jedoch über das Familiäre hinaus, denn er berührte auch die «deutsche Frage» im Hause Mann. Erika war sicher, daß diese Affäre in der Bundesrepublik der frühen sechziger Jahre Adorno nicht zum Schaden gereichen würde. Und so war es denn auch. Die äußerst kritische Haltung Erika Manns gegenüber Deutschland, die aus den unmittelbaren Nachkriegsjahren resultierte, hat sich auch in den Jahren bis zu ihrem Tod nicht wesentlich abgeschwächt.

Gemildert wurde Erikas Manns deutschlandkritische Haltung höchstens durch eine zunehmende allgemeine politische Isolierung. An den Freund Hans Habe, der Deutschland den Rücken gekehrt hatte, unter ausdrücklicher Berufung auf Heinrich Heine, schrieb sie: *Deine neue Emigration halte ich für richtig. Wäre ich jemals heimgekehrt – in irgend einem Sinne –, ich hätte längst so gehandelt. Was freilich mich betrifft, so unterscheide ich mich von Dir und Heine vor allem darin, daß ich Deutschland nie eigentlich geliebt habe. Roosevelt's Amerika, das sich dann nur zu schnell als optische Täuschung herausstellte, glaubte ich zu lieben. Und England, bei all seinen offenbaren Schwächen, liebe ich wirklich. Aber sonst? Nicht, daß ich wüßte. Ich liebe eine Reihe von Menschen, keineswegs zuletzt Euch beide. Das genügt mir.*[174] Und ihr ganzer Pessimismus, der sich beileibe nicht auf Deutschland allein richtete, klingt in einer brieflichen Äußerung gegenüber dem Exilforscher Hans-Albert Walter an: *Nur zu richtig charakterisieren Sie die Zu- und Umstände in Ihrem Lande. Wer paßt dort noch hin? Zu fragen wäre freilich: wer paßt irgendwo noch hin? Ich – par exemple – passe nach Hanoi fast so wenig wie in die USA, und in die Schweiz nur etwas besser als in die DDR. Auch nicht wahr, in der DDR könnte ich schlechterdings nicht leben, während es hier schlechter Dinge geht.*[175] Immer stärker lebte sie in der Gewißheit, daß in den sechziger Jahren in der Bundesrepublik kein Platz mehr für sie war. Einen Film über die *Pfeffermühle* zu machen lehnte sie mit der charakteristischen Begründung ab, *daß all diese Dinge, die dem hellhörigen Europa von damals so viel bedeuteten, dem Bundesbürger von jetzt ganz einfach nichts zu sagen haben*[176].

Erika Manns letzte Lebensphase war überschattet von gesundheitlichen Rückschlägen. Nach einer Reihe von Operationen konnte sie schließlich nicht mehr richtig gehen. Als Positivum durfte sie immerhin verbuchen, daß in den sechziger Jahren – nicht zuletzt durch ihre Bemühungen – das Werk ihres Bruders Klaus Mann allmählich entdeckt und verbreitet wurde. Politisch blieb sie hellwach; in ihrem letzten Jahr erwog sie sogar, sich aktiv im publizistischen Kampf gegen den Vietnamkrieg zu engagieren. Dazu kam es jedoch nicht mehr. Erika Mann starb am 27. August 1969 im Zürcher Kantonsspital – am selben Ort wie ihr Vater.

Bleibt zu fragen: Was ist aus den anderen Kindern der Familie Mann geworden?

Michael Mann gab seine Karriere als Musiker auf und studierte in Harvard Germanistik. Nach seiner Anstellung als Professor in Berkeley beschäftigte er sich zuerst lange Zeit mit klassischen germanistischen Themen. Er schrieb Arbeiten über Heine und Kafka und war auf Abstand dem väterlichen Werk gegenüber bedacht. Als Erika Mann ihn für den dritten Band ihrer Briefausgabe um ein Schreiben bat, antwortete er der Schwester: *Ich will Dir nur lieber gestehn und das mag auch bis zu einem gewissen Grad manche Schreibunterlassung meinerseits erklären, daß ich nämlich b e i d e n Briefbänden relativ lange Zeit aus dem Weg gegangen bin, aus einer schwer erklärlichen persönlichen Hemmung (etwa dieselbe, die mich zum Beispiel davon abhält, mir Plattenaufnahmen des Betreffenden anzuhören).*[177] Später hat er sich dann anders besonnen und für den S. Fischer Verlag die Aufgabe übernommen, eine Auswahlausgabe der Tagebücher Thomas Manns vorzubereiten, die zwanzig Jahre lang, bis 1975, für die Öffentlichkeit gesperrt waren. Während der Sohn Vorträge anläßlich des 100. Geburtstags seines Vaters hielt und dabei durch Europa reiste, wurden ihm aus Frankfurt die Druckfahnen zugeschickt. In Michael Manns Tagebuch vom 14. Oktober 1975 findet sich der folgende Eintrag: *Die Tagebücher: ich als Embryo, der eigentlich abgetrieben werden soll. Aber die Mutter will es nicht. Die Wirtschaftslage ist zwar nicht nach weiterm Zuwachs angetan. Aber, ob 5 oder 6 Kinder – was macht es schon aus? So die väterliche Position. Sein fast einziges Bedenken, daß ein weiteres «Kindchen» seine poetisch ausgekostete Freude am Kindchen «Lisa» (Medi) vermindern könnte. Sehe meiner Geburt im nächsten Schub entgegen. Morgen Stockholm.*[178]

Michael Mann

Freunde Michael Manns haben die These vertreten, daß es die Arbeit am Werk Thomas Manns gewesen sei, die ihn in eine immer tiefere Lebenskrise getrieben habe. «In den letzten Jahren seines Lebens, besonders seit der Eröffnung von Thomas Manns Tagebüchern im Jahr 1975, fesselte Michael das Werk seines Vaters mehr und mehr. Was er nicht voraussehen konnte, war, wie der kulturelle Apparat der Zentenarfeier desselben Jahrs ihn in Anspruch nehmen, ja überwältigen würde: Vortragsreisen, Aufsätze für fachwissenschaftliche Journale, Festreden, Radio- und Zeitungsinterviews, intensive Arbeit an einer Ausgabe der Thomas-Mann-Tagebücher – kein Ende, trotz nicht heilenwollendem Beinbruchs und trotz körperlicher und seelischer Erschöpfung. Er kam sich dabei abhanden.»[179] Diese Theorie ist in der neueren Literatur zur Familie Mann teilweise übernommen und auf die These zugespitzt worden, daß es letztlich die Arbeit an den Tagebüchern und der Einblick in die darin enthaltenen Äußerungen über seine eigene Person gewesen seien, die ihn umgebracht hätten. Ein Freund schreibt: «Bei der Tagebucharbeit endlich verlor er sich selber. Diese Tagebücher seines Vaters haben ihn verrückt gemacht, umgebracht. Ich wünschte, er hätte sie verbrannt.»[180]

Fakt ist: Michael Mann starb in der Neujahrsnacht von 1976 auf 1977 im Alter von nur 57 Jahren. Man weiß, daß er am Tag zuvor mit seinen Kollegen an der englischen Übersetzung der Tagebücher Thomas Manns gearbeitet hatte. Man weiß auch, daß es eine Mischung aus Alkohol und Barbituraten war, die ihn zu Tode brachte. Er hatte dieses Spiel mit dem Tod schon öfter getrieben, wie er Freunden gegenüber gestand. Diesen Freunden, die ihm nahe waren und die bemerkten, wie ihn die selbstgewählte Arbeit am Werk des Vaters belastete, muß man wohl zugestehen, daß sie eine direkte Linie vom Werk zum Leben ziehen und damit eine indirekte Mitschuld des Vaters am Tod des Sohnes sehen. Nicht akzeptieren kann man jedoch, daß noch in unseren Tagen daraus eine Art angeblicher Familienfluch abgeleitet wird, der auf einer hochproblematischen Sichtweise der Familie Mann gründet.

Es besteht kein Zweifel daran, daß Michael Mann unter seinem Vater gelitten hat. Es besteht ebenfalls kein Zweifel darüber, daß die Werke von Thomas, Heinrich und auch Klaus Mann starke autobiographische Wurzeln aufweisen und also auch die Familiengeschichte in Literatur überführt haben. Das ist allerdings so sensationell nicht, wie es mancher darstellen will. Daß die Literatur, zumal die große, immer aus dem unmittelbaren Erfahrungshorizont schöpft, ist eine Binsenweisheit. Darüber ist aber moralisch nicht zu richten, da die Moral im ästhetischen Bezirk ihre Macht verliert. Von daher gilt: Die Kunst, speziell im Werk Thomas Manns, ist ein autonomer Bereich, der mit dem Leben und erst recht mit dem Nachleben der Familie nichts zu schaffen hat. Um es überspitzt zu formulieren: Thomas Mann mag seinen Kindern als Vater geschadet haben, weil er das getan hat, was wohl alle Väter mehr oder weniger häufig tun: Erziehungsfehler zu begehen. Als Künstler jedoch hat er ihnen gar nicht schaden können, da seine Literatur – wie eine jede – aus kategorialen Gründen diese Macht nicht haben konnte. Dies gilt es in aller Deutlichkeit zu betonen, weil sich ansonsten ein Mythos herauszubilden begänne, der auf Sätzen wie dem nachfolgenden aufbauen könnte: «Die ‹Kunst›, die scheinbar vom ‹Leben› abgelöst wurde, gewann ein Eigenleben, wurde für ihren Schöpfer und seine Geschöpfe lebendige oder – wie im Falle von Klaus und Michael, den Söhnen – tödliche Realität.»[181]

Monika Mann hatte ein ähnlich schwieriges Verhältnis zum Vater wie Michael. Es war nicht frei von Widersprüchen. In Heinrich Breloers Film über Klaus Mann äußerte sie sich sehr negativ über den Vater und verstieg sich zu der Behauptung, sie könne sich nicht daran erinnern, jemals ein Gespräch mit dem Vater geführt zu haben. In ihrem Erinnerungs-Buch *Vergangenes und Gegenwärtiges* aus dem Jahre 1956 finden sich dagegen tiefe Einblicke in das spezifische Erziehungsideal der Familie Mann: *Der ewige Kampf um das Gelingen – um jene Selbstbefreiung –, das inständig ichwärts gekehrte väterliche Wesen wirkte einschüchternd, ja beklemmend auf uns und gewährte uns zugleich*

Monika Mann, um 1983

eine große Freiheit. Unser Kindertun und -lassen stand im Licht einer im wahrsten Sinne des Wortes liberalen Instanz, das zornig oder nervös aufflackerte, aber sich uns nie versagte. Unsere Mutter, die in der Tat unser Dasein regelte und betreute, nährte sich und ließ sich leiten von diesem Licht. Papas Liberalismus mochte uns zu spüren geben, daß in diesem Leben alles möglich, vielleicht alles entschuldbar sei, daß aber das persönliche Ich weitgehend für sich selber aufkommen müsse, für alles verantwortlich sei und sich nicht wundern dürfe, wenn ihm Unrecht geschah.[182]

Nach dem tragischen Tod ihres Mannes – er starb 1940 auf der Überfahrt in das amerikanische Exil, als das Schiff «City of Benares» nach einem feindlichen Angriff sank – lebte sie in Pacific Palisades bei den Eltern. Aufgrund ihres depressiven Verhaltens wußten sich Katia und Thomas Mann 1948 nicht anders zu helfen, als sie in ein anthroposophisch geführtes Heim zu bringen. Sie blieb dort aber nicht lange, sondern floh zu einer Freundin. Im September 1952 folgte Monika Mann den Eltern zurück nach Europa und ließ sich 1955 auf Capri nieder, wo sie mit einem Fischer zusammenlebte. 1985, nach dem Tod ihres Lebensgefährten, zog sie zu ihrem Bruder Golo

Mann nach Kilchberg. Gestorben ist sie am 17. März 1992 in Leverkusen.

Elisabeth schließlich ist das einzige noch lebende Kind Thomas Manns – «die letzte Mann», wie es in einem Bericht über sie einmal apodiktisch hieß. Sie hat wohl nie so unter dem Vater gelitten wie einige ihrer Geschwister. Er hat das *Kindchen*[183] immer besonders geliebt und sogar ein großes Hexametergedicht über die kleine Elisabeth geschrieben. Sie ist aber auch sehr früh ihren eigenen Weg gegangen. Ihre Ehe mit dem viele Jahre älteren Giuseppe A. Borgese, einem aus Italien stammenden Politikwissenschaftler, währte freilich nicht lange: 1952 starb ihr Ehemann, als man gerade aus den USA nach Italien zurückgekehrt war. Elisabeth Mann Borgese heiratete kein zweites Mal, sondern baute sich ein eigenes, von der Familientradition weitgehend unabhängiges Leben auf. 1970 war sie das einzige weibliche Gründungsmitglied des Club of Rome. Ihr zentraler

Elisabeth Mann Borgese, um 1995

Lebensinhalt ist bis heute der Kampf für den Schutz der Weltmeere. Sie ist Gründerin und Leiterin des International Ocean Institute, das seinen Sitz auf Malta und Zweigstellen in aller Welt hat. Seit 1980 hat sie eine Professur für Politische Wissenschaft an der Dalhousie University in Halifax inne. Dort, in Kanada, lebt sie auch heute. Seit dem Tod Golo Manns nimmt Elisabeth Mann Borgese zunehmend die Rolle an, als Sprecherin der Familie Mann zu agieren. Sie hat dabei in ihren öffentlichen Auftritten wiederholt gegen das verbreitete Klischee protestiert, Thomas Mann sei ein großer Künstler, aber ein schlechter Familienvater gewesen.

Bleibt am Schluß die Frage: Geht von der Familie Mann in unserer Gegenwart noch eine Wirkung aus – hat diese Familie, außer einem historischen Interesse an aller großen Vergangenheit, für uns Heutige noch etwas zu bedeuten?

Zum einen läßt sich feststellen: Das literarische

Die Enkel Thomas Manns

Angelica Borgese geb. 30. November 1940 in Chicago; erste Tochter von Elisabeth (Medi) Mann und Giuseppe Antonio Borgese; Physikerin, lebt in New York, verheiratet in zweiter Ehe mit Ludovico Marraceno, Sohn und Tochter aus erster Ehe

Dominica Borgese geb. 6. März 1944 in Chicago; zweite Tochter von Elisabeth (Medi) Mann und Giuseppe Antonio Borgese; Biologin, lebt in Mailand, verheiratet mit Dr. Ettore Guidi, eine Adoptivtochter

Fridolin (Frido) Mann geb. 31. Juli 1940 in Monterey, Kalifornien; erster Sohn von Michael Mann und Gret Moser, Prof. Dr. Universitäts-Dozent, Psychologe, lebt in Göttingen, verheiratet mit Christine Heisenberg, ein Sohn

Anthony Mann geb. 20. Juli 1942 in Kalifornien; zweiter Sohn von Michael Mann und Gret Moser; Gärtner in Zürich

Raju Mann Adoptivtochter von Michael Mann und Gret Moser; geb. 13. Oktober 1963 in Indien, verheiratet mit Stanley Ward

Die Enkel Heinrich Manns

Jindrich Mann geb. 18. März 1948 in Prag; erster Sohn von Leonie Mann und Ludvik Aškenazy; Filmregisseur und Drehbuchautor, lebt in Berlin und Prag, verheiratet mit Ludmilla Korb-Mann, zwei Töchter

Ludvik Mann geb. 5. April 1956 in Prag; zweiter Sohn von Leonie Mann und Ludvik Aškenazy; Filmmacher, lebt in Berlin

Werk lebt fort. Vor allem die Bücher Thomas Manns gehören unbestritten zur Weltliteratur. Thomas Mann ist zudem heute nicht nur einer der am besten erforschten Autoren des 20. Jahrhunderts, er findet auch eine immer noch wachsende Zahl von Lesern. Letzteres gilt, wenn auch nicht in gleichem Maße, ebenso für Heinrich, Klaus, Erika und Golo Mann.

Daneben gibt es noch eine zweite Wirkungslinie, die mit zwei Enkeln von Thomas und Heinrich Mann, Frido, dem Sohn Michael Manns, und Ludvik Mann verbunden ist. Beide versuchen das humane Potential der Familie Mann für die Gegenwart nutzbar zu machen. Frido Mann, der auch als Schriftsteller hervorgetreten ist – 1985 erschien ein autobiographischer Roman unter dem Titel *Professor Parsifal* und 1992 *Der Infant* –, hat den Verein «Casa Mann» gegründet, der im brasilianischen Paraty, im noch erhaltenen Geburtshaus Julia Manns, der Mutter von Heinrich und Thomas Mann, ein eurobrasilianisches Kulturzentrum errichten will. Primäres Ziel ist es, *den interna-*

Die «Casa Mann», das Geburtshaus Julia Manns im brasilianischen Paraty, 1997

Das einstige Ferienhaus Thomas Manns im litauischen Nida (früher: Nidden), heute ein «Thomas-Mann-Kulturzentrum»

tionalen Geist der Schriftstellerfamilie verstärkt ins öffentliche Bewußtsein zu bringen[184].

Ludvik Mann hat die Ilha Fortaleza, eine Insel im brasilianischen Amazonas-Mündungsgebiet, erworben. Gemeinsam mit der Heinrich-Mann-Stiftung will er dort im Geiste der *Göttinnen*-Trilogie Heinrich Manns eine auf der Familientradition basierende Vision *von einem erfüllenden, selbstbestimmten Leben* verwirklichen.[185]

Neben diesen persönlich-familiären Initiativen gibt es einige öffentliche Institutionen, die sich als Gedenk- und Forschungsstätten um eine Vermittlung des Werks der Familie Mann an die heutigen Leser kümmern. An erster Stelle ist das Thomas-Mann-Archiv in Zürich zu nennen, das den gesamten Nachlaß des großen Schriftstellers verwahrt. Dort laufen die Fäden der inzwischen internationalen Thomas-Mann-Forschung zusammen. Auch die gerade im S. Fischer Verlag entstehende große Thomas Mann-Ausgabe wäre ohne die dort liegenden Manuskriptschätze nicht denkbar. Heinrich Manns Nachlaß wird im Archiv der Akademie der Künste in Berlin bewahrt, der von Klaus und Erika Mann in der Monacensia, dem Literaturarchiv der Stadt München. Seit 1993 gibt es im Buddenbrookhaus in Lübeck, der Geburtsstadt der Brüder Mann, das Heinrich-und-Thomas-Mann-Zentrum. Von Beginn an personenübergreifend angelegt, entwickelt es sich immer mehr zu einem Zentrum der Beschäftigung mit Werk und Leben der gesamten Familie Mann. Golo Manns Nachlaß wird seit 1994 in Bern, im Schweizerischen Literaturarchiv, verwahrt.

Das vorerst letzte der Mann-Häuser befindet sich im litauischen Nida, auf der Kurischen Nehrung. Dort ist im ehemaligen Sommerhaus Thomas Manns 1996 ein Thomas-Mann-Kulturzentrum eröffnet worden. Es dient im Geiste Thomas Manns der europäischen Integration, wobei besonders die Ost-West-Beziehungen im Mittelpunkt stehen.

Anmerkungen

Die Schriften Thomas Manns werden, soweit möglich, nach der Ausgabe «Gesammelte Werke in 13 Bänden», Frankfurt a. M.: S. Fischer 1974, zitiert und im laufenden Text mit Bandzahl (in römischer Ziffer) und Seitenzahl nachgewiesen.

1 Vgl. dazu die Bibliographie, Abteilung 3
2 Klaus Mann: Tagebücher, 1936–1937. Reinbek: Rowohlt 1995, S. 61. – Die über die Familie Mann erschienene Literatur findet sich in der Bibliographie in der Abteilung 2.
3 Heinrich Mann: Ein Zeitalter wird besichtigt. Frankfurt: S. Fischer 1988, S. 240 [Zeitalter]
4 Julia Mann: Erinnerungen aus Dodos Kindheit. In: Julia Mann: Ich spreche so gern mit meinen Kindern. Berlin und Weimar: Aufbau-Verlag 1991, S. 16 f. [Julia]
5 Thomas Mann – Agnes E. Meyer: Briefwechsel 1937–1955. Frankfurt: S. Fischer 1992, S. 162
6 Zitiert nach: Heinrich und Thomas Mann. Ihr Leben und Werk in Text und Bild. Katalog zur ständigen Ausstellung im Buddenbrookhaus der Hansestadt Lübeck. Lübeck: DrägerDruck 1994, S. 88 f. [Katalog]
7 Zitiert nach: Katalog, S. 87 f.
8 Marta Feuchtwanger: Nur eine Frau. Jahre – Tage – Stunden. München und Wien: Langen Müller 1983, S. 102
9 Zitiert nach: Katalog, S. 70 ff.
10 Zitiert nach: Katalog, S. 46
11 Thomas Mann – Heinrich Mann: Briefwechsel 1900–1949. Frankfurt: S. Fischer 1984, S. 45 [Briefwechsel]
12 Zitiert nach: Katalog, S. 174
13 Vgl. Peter-Paul Schneider: «… wo ich Deine Zuständigkeit leugnen muß …» In: «In Spuren gehen». Festschrift für Helmut Koopmann. Tübingen: Niemeyer 1998, S. 234
14 Heinrich Mann: Was ist eigentlich ein Schriftsteller? In: Heinrich Mann: Sieben Jahre. Frankfurt: S. Fischer 1994, S. 254 f. [Sieben Jahre]
15 Heinrich Mann: Das Wunderbare. In: Novellen. Erster Band. Berlin und Weimar. Aufbau Verlag 1978, S. 204 [Novellen I]
16 Novellen I, S. 206
17 Novellen I, S. 207
18 Zeitalter, S. 238
19 Katia Mann: Meine ungeschriebenen Memoiren. Frankfurt: S. Fischer 1976, S. 92 f. [Memoiren]
20 Zeitalter, S. 239
21 Dichter über ihre Dichtungen. Bd. 14: Thomas Mann. Teil I bis III. München und Frankfurt: Heimeran 1975, 1979, 1981. Hier: Teil I, S. 122 [DüD I–III]
22 Klaus Mann: Der Wendepunkt. München: edition spangenberg 1989, S. 15 [Wendepunkt]
23 Erika Mann: Mein Vater, der Zauberer. Reinbek: Rowohlt 1996, S. 273 [Zauberer]
24 Zauberer, S. 274
25 Briefwechsel, S. 62 f.
26 Thomas Mann: Briefe 1889–1936. Frankfurt: S. Fischer 1979, S. 68 [Briefe I]
27 Memoiren, S. 29 f.
28 Briefwechsel, S. 62
29 Heinrich Mann: Briefe an Ludwig Ewers 1889–1913. Berlin und Weimar: Aufbau-Verlag 1980, S. 195 [Ewers-Briefe]
30 Thomas Mann: Briefe an Otto Grautoff 1894–1901 und Ida Boy-Ed 1903–1928. Frankfurt: S. Fischer 1975, S. 80 [Grautoff/Boy-Ed]
31 DüD III, S. 128
32 Hans Wysling: Leiden und Größe

Thomas Manns. In: Hans Wysling. Ausgewählte Aufsätze 1963–1995. Frankfurt: Klostermann 1996, S. 448 [Ausgewählte Aufsätze]
33 Wendepunkt, S. 51
34 Inés Schmied an Heinrich Mann, München, 6. Januar 1909, zitiert nach: Katalog, S. 202 f.
35 Viktor Mann: Wir waren fünf. Frankfurt: S. Fischer 1994, S. 197 [Wir waren fünf]
36 Zitiert nach: Katalog, S. 211
37 Zitiert nach: Katalog, S. 216
38 Briefwechsel, S. 111 f.
39 Wendepunkt, S. 303 f.
40 Wendepunkt, S. 219
41 Memoiren, S. 66 f.
42 Ewers-Briefe, S. 449 f.
43 Briefwechsel, S. 101
44 Briefwechsel, S. 127 f.
45 Zauberer, S. 25
46 Briefwechsel, S. 131 f.
47 Heinrich Mann: Macht und Mensch. Essays. Frankfurt: S. Fischer 1989, S. 195 [Macht und Mensch]
48 Wendepunkt, S. 70 f.
49 Egon Friedell: Die Betrachtungen eines Unpolitischen. (1919). In: Neues Wiener Journal, Wien, 9. März 1919
50 Julia, S. 246 f.
51 Wendepunkt, S. 71
52 Wir waren fünf, S. 363
53 Wie waren fünf, S. 363
54 Grautoff/Boy-Ed, S. 194
55 Wendepunkt, S. 86 f.
56 Heinrich Mann: Kurt Eisner. Gedenkrede, gehalten am 16. März 1919, in: Macht und Mensch, S. 167
57 Macht und Mensch, S. 172
58 Heinrich Mann: Kaiserreich und Republik, in: Macht und Mensch, S. 213
59 Hans Wysling sieht im Auftauchen Peeperkorns im Roman auch «das Wiedererwachen der Homophilie». Hans Wysling: Probleme der Zauberberg-Interpretation. In: Ausgewählte Aufsätze, S. 239
60 Heinrich Mann: Der Untertan. Roman. Frankfurt: S. Fischer 1991, S. 240
61 Kurt Tucholsky: Der Untertan. In: Gesammelte Werke, Band 2. Reinbek: Rowohlt 1985, S 63 f.
62 Thomas Mann: Tagebücher 1918–1921. Frankfurt: S. Fischer 1979, S. 128
63 Irmela von der Lühe: Erika Mann. Eine Biographie. Frankfurt: Campus-Verlag 1993, S. 36 [Lühe]
64 Lühe, S. 36 f.
65 Wendepunkt, S. 196 f.
66 Wendepunkt, S. 197
67 Wendepunkt, S. 199 f.
68 Wendepunkt, S. 202
69 Klaus Mann: Briefe und Antworten 1922–1949. München: edition spangenberg 1987, S. 489 [Klaus Mann: Briefe und Antworten]
70 Wendepunkt, S. 230
71 Wendepunkt, S. 259
72 Helga Keiser-Hayne: «Beteiligt euch, es geht um eure Erde.» Erika Mann und ihr politisches Kabarett die «Pfeffermühle» 1933–1937. München: edition spangenberg 1990, S. 16
73 Wendepunkt, S. 322 f.
74 Zitiert nach: Katalog, S. 257
75 Heinrich Mann: Sieben Jahre, S. 488
76 Heinrich Mann an Félix Bertaux, 13. Februar 1928. Zitiert nach: Klaus Schröter: Heinrich Mann. Reinbek: Rowohlt 1990, S. 108
77 Heinrich Mann: Anfänge Europas. Mai 1923. In: Sieben Jahre, S. 111
78 Ebenda
79 Heinrich Mann: «Blick hinter die Liste 2 / Wir wählen» (1932). In: Heinrich Mann: Das öffentliche Leben, Berlin, Wien, Leipzig 1932, S. 25/ff.
80 Heinrich Mann: Briefe an Karl Lemke. Berlin: Aufbau-Verlag 1963, S. 139
81 DüD II, S. 224
82 Klaus Mann: Tagebücher

1931–1933. Reinbek: Rowohlt 1995, S. 64
83 Klaus Mann: Tagebücher 1931–1933, S. 118
84 Zitiert nach: Katalog, S. 339
85 Klaus Mann: Tagebücher 1931–1933, S. 129
86 Golo Mann: Erinnerungen und Gedanken. Eine Jugend in Deutschland. Frankfurt: S. Fischer 1986, S. 536 [Erinnerungen und Gedanken]
87 Heinrich Mann an Alfred Kantorowicz, Los Angeles, 3. März 1943. Zitiert nach: Katalog, S. 336
88 Wendepunkt, S. 360
89 Wendepunkt, S. 335
90 Ludwig Marcuse: Mein zwanzigstes Jahrhundert. Zürich: Diogenes 1975, S. 180
91 Thomas Mann: Tagebücher 1933–1934. Frankfurt: S. Fischer 1977, S. 355 f.
92 Thomas Mann: Tagebücher 1933–1934, S. 141
93 Erinnerungen und Gedanken, S. 563
94 Zitiert nach: Weimarer Beiträge, Jg. 21, Heft 9, 1975, S. 181
95 Zitiert nach: Fritz H. Landshoff: Erinnerungen eines Verlegers. Berlin und Weimar: Aufbau-Verlag 1991, S. 61
96 Thomas Mann: Tagebücher 1933–1934, S. 176 f.
97 Klaus Mann: Tagebücher 1931–1933, S. 168
98 Erika Mann: Briefe und Antworten. Band I: 1922–1950. München: edition spangenberg 1984, S. 73 [Erika Mann: Briefe und Antworten I]
99 Erika Mann: Briefe und Antworten I, S. 73 f.
100 Erika Mann: Briefe und Antworten I, S. 80
101 Erika Mann: Briefe und Antworten I, S. 83 f.
102 Thomas Mann: Tagebücher 1935–1936. Frankfurt: S. Fischer 1978, S. 329
103 DüD II, S. 350
104 Klaus Mann: Das Wunder von Madrid. Aufsätze, Reden, Kritiken 1936–1938. Reinbek: Rowohlt 1993, S. 25
105 Heinrich Mann: Die Vollendung des Königs Henri Quatre. Frankfurt: S. Fischer 1991, S. 1095 f.
106 Erika und Klaus Mann: Escape to Life. Deutsche Kultur im Exil. Reinbek: Rowohlt 1996, S. 48 [Escape to Life]
107 Briefwechsel, S. 263
108 Zeitalter, S. 365
109 Zitiert nach: Katalog, S. 357
110 Zeitalter, S. 421 f.
111 Zeitalter, S. 236
112 Erika Mann: Briefe und Antworten I, S. 47
113 Klaus Mann: Briefe und Antworten, S. 240
114 Klaus Mann: Briefe und Antworten, S. 197
115 Klaus Mann: Briefe und Antworten, S. 274
116 Klaus Mann: Briefe und Antworten, S. 389
117 Klaus Mann: Briefe und Antworten, S. 392
118 Klaus Mann: Briefe und Antworten, S. 390
119 Klaus Mann: Briefe und Antworten, S. 391
120 Klaus Mann: Die neuen Eltern. Aufsätze, Reden, Kritiken 1924–1933. Reinbek: Rowohlt 1992, S. 50
121 Klaus Mann: Tagebücher 1938–1939. Reinbek: Rowohlt 1995, S. 31
122 Escape to Life, S. 10
123 Lühe, S. 109
124 Alfred Kantorowicz: Exil in Frankreich. Bremen: Schünemann Verlag 1971, S. 120 f.
125 Zitiert nach: Katalog, S. 374
126 Zeitalter, S. 485
127 Wendepunkt, S. 445
128 Thomas Mann: Briefe 1937–1947. Frankfurt: S. Fischer 1963, S. 149 [Briefe II]

129 Zitiert nach: Lühe, S. 194
130 Wendepunkt, S. 550
131 Wendepunkt, S. 551
132 DüD II, S. 7 f.
133 DüD II, S. 280
134 DüD II, S. 103
135 Briefe II, S. 443
136 Briefe II, S. 445
137 DüD II, S. 124
138 Gerhard Nebel: Thomas Mann. Zu seinem 75. Geburtstag. In: Frankfurter Allgemeine Zeitung vom 6. Juni 1950
139 Klaus Mann: Auf verlorenem Posten. Aufsätze, Reden, Kritiken 1942–1949. Reinbek: Rowohlt 1994, S. 474 f.
140 Klaus Mann: Tagebücher 1944–1949. Reinbek: Rowohlt 1995, S. 172
141 Klaus Mann: Briefe und Antworten, S. 603
142 Klaus Mann: Tagebücher 1944–1949, S. 203
143 Erika Mann: Briefe und Antworten I, S. 260
144 Erika Mann: Briefe und Antworten I, S. 261
145 Klaus Mann: Tagebücher 1940–1943. Reinbek: Rowohlt 1995, S. 181 f.
146 Klaus Mann: Auf verlorenem Posten, S. 541 f.
147 Golo Mann: Erinnerungen an meinen Bruder Klaus. In: Neue Rundschau 86 (1975), S. 399
148 Thomas Mann: Tagebücher 1940–1943. Frankfurt: S. Fischer 1982, S. 445
149 Memoiren, S. 143 f.
150 Zeitalter, S. 203
151 Heinrich Mann: Der Atem. Roman. Frankfurt: S. Fischer 1993, S. 469 [Atem]
152 Atem, S. 442 f.
153 Zitiert nach Lühe, S. 248
154 Zitiert nach Lühe, S. 243
155 Zitiert nach: Jeroen Koch: Golo Mann und die deutsche Geschichte. Eine intellektuelle Biographie. Paderborn: Schöningh 1998, S. 167 [Koch]
156 Thomas Mann: Tagebücher 1953–1955. Frankfurt: S. Fischer 1995, S. 321 f.
157 Erika Mann: Briefe und Antworten. Band II: 1951–1969. München: edition spangenberg 1985, S. 43 [Erika Mann: Briefe und Antworten II]
158 Erinnerungen und Gedanken, S. 544 f.
159 Golo Mann: Zeiten und Figuren. Frankfurt: S. Fischer 1979, S. 170
160 Heinrich Heine: Sämtliche Schriften. Bd. 3. Frankfurt, Berlin, Wien: Ullstein 1981, S. 330
161 Golo Mann: Plädoyer für die historische Erzählung. In: Theorie und Erzählung in der Geschichte. München: Deutscher Taschenbuch Verlag 1979, S. 43 [Plädoyer]
162 Plädoyer, S. 45
163 Plädoyer, S. 53
164 Erinnerungen und Gedanken, S. 461
165 Koch, S. 190
166 Zitiert nach Lühe, S. 261
167 Erika Mann: Briefe und Antworten II, S. 40 f.
168 Erika Mann: Briefe und Antworten II, S. 47 f.
169 Erika Mann: Briefe und Antworten II, S. 171
170 Zitiert nach: Erika Mann: Briefe und Antworten II, S. 104
171 Erika Mann: Briefe und Antworten II, S. 103
172 Erika Mann: Briefe und Antworten II, S. 124
173 Erika Mann: Briefe und Antworten II, S. 130
174 Erika Mann: Briefe und Antworten II, S. 177 f.
175 Erika Mann: Briefe und Antworten II, S. 224
176 Erika Mann: Briefe und Antworten II, S. 172
177 Erika Mann: Briefe und Antworten II, S. 147
178 Michael Mann: Fragmente eines

Lebens. Lebensbericht und Auswahl seiner Schriften von Frederic C. und Sally P. Tubach. München: Verlag Heinrich Ellermann 1983, S. 121 [Michael Mann]
179 Michael Mann, S. 147
180 Michael Mann, S. 216
181 Marianne Krüll: Im Netz der Zauberer. Eine andere Geschichte der Familie Mann. Frankfurt: S. Fischer 1997, S. 442
182 Monika Mann: Vergangenes und Gegenwärtiges. Erinnerungen. München: Kindler 1956, S. 23 f.
183 Thomas Mann: Tagebücher 1918–1921, S. 4
184 Casa Mann. Das brasilianische Element in der Familie der Schriftsteller Heinrich und Thomas Mann. Göttingen 1998
185 Ludvik Mann: Offener Brief. Berlin 1998

ZEITTAFEL Heinrich   Thomas

1871 27. März: Luiz Heinrich Mann als erstes Kind von Thomas Johann Heinrich Mann und seiner Frau Julia in Lübeck geboren	1875 6. Juni: Paul Thomas Mann als zweites Kind von Julia und Thomas Johann Heinrich Mann in Lübeck geboren
1889 Abgang vom Gymnasium (Katharineum zu Lübeck) in der 12. Klasse, Buchhandelslehre in Dresden	1889 Eintritt in das Gymnasium (Katharineum zu Lübeck)
1890 Volontär im S. Fischer Verlag Berlin (bis 1892)	
1891 Erste Rezensionen in «Die Gesellschaft»	
1893 Reisen nach Paris und Italien	1893 Herausgabe der Schülerzeitung «Der Frühlingssturm»
1894 *In einer Familie* (Roman) Herausgabe der Monatsschrift «Das zwanzigste Jahrhundert, Blätter für deutsche Art und Wohlfahrt» (bis 1896)	1894 Abgang vom Gymnasium nach der 10. Klasse mit der mittleren Reife. Umzug nach München, Volontär einer Feuerversicherungsgesellschaft, dann Studium an der Technischen Universität. Beiträge für «Das zwanzigste Jahrhundert»
1896 *Das Wunderbare* (Erzählung) in «PAN», *Der Hund* in «Simplicissimus». Bis 1898: Aufenthalt in Rom und Palestrina, ab 1897 mit Bruder Thomas	
1897 *Das Wunderbare und andere Novellen*	
1899 Wechselnde Aufenthalte in München, Berlin und Italien (bis 1914)	1898 *Der kleine Herr Friedemann* (Novellen). Redakteur des «Simplicissimus»
1900 *Im Schlaraffenland. Ein Roman unter feinen Leuten*	1901 *Buddenbrooks* (Roman)
1903 *Die Göttinnen oder Die drei Romane der Herzogin von Assy, Die Jagd nach Liebe* (Roman)	1903 *Tristan. Sechs Novellen*, darin: *Tonio Kröger*
1905 *Professor Unrat oder Das Ende eines Tyrannen* (Roman), *Eine Freundschaft. Gustav Flaubert und George Sand* (Essay). Übersetzung von Choderlos de Laclos' *Liaisons dangéreuses*	1905 *Schwere Stunde* (Erzählung), *Wälsungenblut* (Erzählung; Druck 1906 zurückgezogen)
1906 *Mnais und Ginevra, Schauspielerin, Stürmische Morgen* (Novellen)	1906 *Fiorenza* (Drama)
1907 *Zwischen den Rassen* (Roman), *Gretchen* (Erzählung)	

FAMILIENEREIGNISSE

1877 Wahl des Vaters zum Senator der Freien Hansestadt Lübeck; Julia Mann als drittes Kind in Lübeck geboren

1881 Carla Mann als viertes Kind in Lübeck geboren

1890 Hundertstes Firmenjubiläum der elterlichen Firma Johann Siegmund Mann; Viktor Mann als fünftes Kind in Lübeck geboren

1891 13. Oktober: Tod des Vaters; Liquidation der Firma

1893 Umzug der Mutter mit den drei jüngsten Geschwistern Julia, Carla und Viktor nach München

1897 bis 1898 Gemeinsamer Aufenthalt der Brüder Heinrich und Thomas in Rom und Palestrina

1901 Aufenthalt von Heinrich und Thomas in der Villa Hartunghausen, Ultental bei Meran

1905 Heirat von Thomas Mann und Katia Pringsheim, Wohnsitz in München bis 1933. Erika Mann als erstes Kind von Katia und Thomas Mann geboren. Heinrich Mann lernt Inés Schmied kennen, Trennung 1910

1906 Klaus Mann als zweites Kind von Katia und Thomas Mann geboren

ZEITGESCHICHTE

1870/71 Deutsch-Französischer Krieg; Gründung des Deutschen Reiches; Bismarck Reichskanzler

1889 Vierte Weltausstellung in Paris (Eiffelturm)

1890 Entlassung Bismarcks. 20 % Sozialdemokraten im Reichstag

1891 Erfurter Programm der SPD (marxistisch)

1893 Reichstag beschließt Heeresverstärkung

1894 Gründung des nationalistischen «Alldeutschen Verbands». Beginn der Dreyfus-Affäre in Frankreich

1896 Erste olympische Spiele der Neuzeit in Athen

1898 Beginn des Ausbaus der deutschen Kriegsflotte

1899 Burenkrieg (bis 1902)

1900 Boxer-Aufstand in China

1905 Erste Marokkokrise. Wettrüsten mit Großbritannien. Bergarbeiterstreik

1908 Erdbeben in Messina

ZEITTAFEL HEINRICH   THOMAS

1909 *Die kleine Stadt* (Roman)   1909 *Königliche Hoheit* (Roman)

1910 *Voltaire – Goethe* (Essay),   1910 *Der alte Fontane* (Essay)
Geist und Tat (Essay), *Das Herz.
Novellen*; *Varieté. Ein Akt*

1911 *Die Rückkehr vom Hades* (Novellen), *Schauspielerin* (Drama)

1912 *Die große Liebe* (Drama)   1912 *Tod in Venedig* (Erzählung)

1913 *Madame Legros* (Drama), Uraufführung 1916 in Berlin

1914 *Der Untertan* als Fortsetzungsroman in «Zeit im Bild», bei Kriegsbeginn Abbruch des Abdrucks   1914 *Gedanken im Kriege* (Essay)

1915 *Zola*-Essay. Abbruch der Beziehungen zu Thomas Mann nach dem Erscheinen von dessen *Gedanken im Kriege*   1915 *Friedrich und die große Koalition* (Essay), *Ein Abriß für den Tag und die Stunde* (Essay). Abbruch der Beziehungen zwischen Heinrich und Thomas Mann nach dem Erscheinen von dessen *Gedanken im Kriege*

1916 *Der Untertan*, Privatdruck. Geburt von Heinrich und Maria Manns Tochter Leonie

1917 *Die Armen* (Roman), *Brabach* (Drama)

1918 *Der Untertan* (Roman)   1918 *Betrachtungen eines Unpolitischen*

1919 *Macht und Mensch* (Essays), *Der Weg zur Macht* (Drama), Gedenkrede auf Kurt Eisner   1919 *Herr und Hund, Gesang vom Kindchen*

                                          1922 *Von Deutscher Republik* (Rede)

1923 *Diktatur der Vernunft*, Essays

                                          1924 *Der Zauberberg* (Roman)

1925 *Der Kopf* (Roman), *Kobes* (Novelle)   1925 *Unordnung und frühes Leid* (Novelle)

FAMILIENEREIGNISSE	**ZEITGESCHICHTE**
1909 Golo Mann als 3. Kind von Katia und Thomas Mann geboren.	
1910 Selbstmord der Schwester Carla. Monika Mann als 4. Kind von Katia und Thomas Mann geboren	
	1911 Zweite Marokkokrise
1912 Heinrich Mann lernt Maria Kanová kennen	1912 Sozialdemokraten stärkste Fraktion im Reichstag
	1913 Heeresverstärkung
1914 Heirat von Heinrich Mann und Maria Kanová, Wohnsitz in München bis 1928	1914 1. August: Beginn des Ersten Weltkriegs
1915 Beginn der offenen Entzweiung der Brüder	1915 Stellungskrieg, Materialschlachten (bis 1918)
	1916 Schlacht von Verdun. Hungersnot in Deutschland («Steckrübenwinter»)
1917 Versöhnungsversuch der Brüder	1917 Kriegseintritt der USA. Oktoberrevolution in Rußland. Deutsch-russischer Waffenstillstand
1918 Elisabeth Mann als fünftes Kind von Katia und Thomas Mann geboren	1918 Ende des Ersten Weltkriegs. Novemberrevolution in Deutschland; Abdankung Wilhelms II.; Ausrufung der deutschen Republik
1919 Michael Mann als sechstes Kind von Katia und Thomas Mann geboren	1919 Spartakusaufstand; Ermordung Karl Liebknechts und Rosa Luxemburgs; Räterepublik in Bayern; Friedrich Ebert erster Reichspräsident der Weimarer Republik; Versailler Vertrag
1922 Aussöhnung zwischen Heinrich und Thomas Mann	1922 Rapallo-Vertrag zwischen Deutschland und Rußland; Ermordung des Reichsaußenministers Walther Rathenau
1923 Tod der Mutter Julia, geb. Bruhns in Weßling/Oberbayern	1923 Ruhrbesetzung; Putschversuch der Nationalsozialisten in München; Inflation
	1924 Tod Lenins, Aufstieg Stalins, Verbannung Trotzkis
	1925 Tod Friedrich Eberts. Paul von Hindenburg zum Reichspräsidenten gewählt

ZEITTAFEL HEINRICH   THOMAS

	1926 *Pariser Rechenschaft* (Essay), *Lübeck als geistige Lebensform* (Vortrag)
1927 *Mutter Marie* (Roman), *Victor Hugo* (Rede in Paris)	
1928 *Eugénie oder Die Bürgerzeit* (Roman)	
1929 *Sieben Jahre, Chronik der Gedanken und Vorgänge* (1921–1928)	1929 Nobelpreis für Literatur. *Mario und der Zauberer* (Erzählung)
1930 *Die große Sache* (Roman). *Der blaue Engel* (Verfilmung von *Professor Unrat*)	1930 *Deutsche Ansprache. Ein Appell an die Vernunft* (Rundfunkansprache)
1931 *Geist und Tat, Franzosen 1789–1939*, (Essays)	
1932 *Ein ernstes Leben* (Roman) *Das öffentliche Leben* (Essays), *Das Bekenntnis zum Übernationalen* (Essay)	
1933 *Der Haß. Deutsche Zeitgeschichte* (Essays, gewidmet «meinem Vaterland»)	1933 *Die Geschichten Jaakobs* (Roman)
	1934 *Der junge Joseph* (Roman)
1935 *Die Jugend des Königs Henri Quatre* (Roman)	
1936 *Es kommt der Tag. Deutsches Lesebuch* (Essays)	1936 *Joseph in Ägypten* (Roman)
1938 *Die Vollendung des Königs Henri Quatre* (Roman)	1938 Gastprofessor an der Universität Princeton
1939 *Mut* (Essays)	1939 *Lotte in Weimar* (Roman)
	1940 Beginn der monatlichen Rundfunkansprachen für die BBC (bis 1945): *Deutsche Hörer!*
	1942 Consultant in Germanic Literature der Library of Congress, Washington D. C.

Familienereignisse	Zeitgeschichte
	1926 Deutschland im Völkerbund
1927 Freitod der Schwester Julia (geb. 1877, verh. Löhr)	
1928 Heinrich Mann trennt sich von Maria Mann-Kanová, Wohnsitz in Berlin bis 1933	
1929 Heinrich Mann lernt Nelly Kröger kennen	1929 Beginn der Weltwirtschaftskrise
1930 Heinrich Mann läßt sich von Maria Kanová scheiden	1930 Zunahme der NSDAP von 12 auf 107 Reichstagsmandate; 4,4 Millionen Arbeitslose
	1932 Wiederwahl Hindenburgs zum Reichspräsidenten; 6 Millionen Arbeitslose
1933 Heinrich Mann: Emigration über Sanary-sur-Mer nach Nizza, dort bis 1940, Aberkennung der deutschen Staatsbürgerschaft Thomas Mann: Emigration über Sanary-sur-Mer nach Küsnacht bei Zürich, dort bis 1938	1933 30. Januar: Hitler wird Reichskanzler; 27. Februar: Reichstagsbrand; 10. Mai: Bücherverbrennung
	1934 Röhm-Putsch; nach Hindenburgs Tod Hitler auch Reichspräsident
1936 Thomas Mann: Aberkennung der deutschen Staatsbürgerschaft Heinrich und Thomas Mann: Erwerb der tschechoslowakischen Staatsbürgerschaft	1936 Beginn des Spanischen Bürgerkrieges; Beginn der Moskauer Prozesse; Olympische Spiele in Berlin; Volksfrontregierung in Frankreich
1938 Thomas und Katia Mann: Übersiedelung in die USA	1938 Anschluß Österreichs; Münchener Abkommen
1939 Heirat Heinrich Manns mit Nelly Kröger. Verschleppung Maria Manns ins KZ Theresienstadt	1939 23. August: Hitler-Stalin-Pakt; 1. September: Beginn des Zweiten Weltkriegs
1940 Heinrich Mann: Flucht über Spanien, Portugal in die USA. Wohnt in Hollywood, Los Angeles, Santa Monica	1940 Besetzung Dänemarks, Norwegens und Frankreichs durch deutsche Truppen
1941 Umzug Thomas und Katia Manns nach Kalifornien.	1941 Rußland- und Afrikafeldzug; Kriegseintritt der USA
1942 Thomas und Katia Mann ziehen in ein eigenes Haus in Pacific Palisades, Wohnsitz bis 1952	1942 20. Januar: Wannsee-Konferenz zur «Endlösung der Judenfrage»; Höhepunkt und Wende des Zweiten Weltkriegs; Luftangriffe auf deutsche Städte

Zeittafel Heinrich   Thomas

1943   *Lidice* (Roman)

1943   *Joseph, der Ernährer* (Roman)

1944   *Das Gesetz*. Erwerb der amerikanischen Staatsbürgerschaft
1945   *Deutschland und die Deutschen* (Rede), *Deutsche Hörer! 55 Radiosendungen nach Deutschland* (Buchpublikation)

1946   *Ein Zeitalter wird besichtigt* (Memoiren)

1947   *Doktor Faustus* (Roman)
1948   *Joseph und seine Brüder* (Gesamtausgabe der vier Joseph-Romane)

1949   *Der Atem* (Roman)

1949   *Die Entstehung des Doktor Faustus* (Roman eines Romans), *Reden im Goethe-Jahr*

1950   12. März: Heinrich Mann in Santa Monica gestorben und dort begraben

1951   *Der Erwählte*

1953   *Die Betrogene*
1954   *Bekenntnisse des Hochstaplers Felix Krull*

1955   *Versuch über Schiller*, *Schiller-Reden*. Ehrenbürgerschaft der Stadt Lübeck. 12. August: im Kantonsspital in Zürich gestorben. Beisetzung in Kilchberg bei Zürich

1961   Überführung der Urne auf den Dorotheenstädtischen Friedhof zu Berlin

FAMILIENEREIGNISSE	ZEITGESCHICHTE
	1943 Ende der Schlacht um Stalingrad; Invasion der Alliierten in Italien
	1944 Landung der Alliierten in der Normandie
1945 Freitod Nelly Manns (geb. Kröger, 1898)	1945 Ende des Zweiten Weltkriegs. Bedingungslose Kapitulation; Teilung Deutschlands in vier Besatzungszonen. Kriegsverbrecherprozesse (bis 1948)
1947 Tod Maria Mann-Kanovás (geb. 1886) an den Folgen der KZ-Haft Thomas und Katia Mann: erste Europa-Reise nach dem Krieg	1948 Berlin-Blockade, Luftbrücke. Währungsreform, Proklamation des Staates Israel
1949 Viktor Mann: *Wir waren fünf* (Familienbiographie des Bruders). Tod Viktor Manns (geb. 1890) in München. Freitod Klaus Manns in Cannes	1949 Gründung der Bundesrepublik Deutschland und der Deutschen Demokratischen Republik, Konrad Adenauer erster Bundeskanzler
	1951 McCarthy-Ära in den USA: Kommunistenverfolgungen
1952 Übersiedelung von Thomas, Katia und Erika Mann in die Schweiz. Jährliche Besuche in Deutschland	
1955 Goldene Hochzeit Thomas und Katia Manns	
1958 Julia Mann: *Erinnerungen aus Dodos Kindheit* (Autobiographie der Mutter)	

ZEITTAFEL Erika   Klaus

1905   9. November: Erika Julia Hedwig Mann in München als erstes Kind von Katia und Thomas Mann geboren

1922   Erika und Klaus Mann besuchen 4 Monate lang das Landerziehungsheim Bergschule Hochwaldhausen
1922–24   Schülerin des Luisengymnasiums in München
1924   Abitur. Anschließend Schauspielstudium in Berlin. Erste Engagements in Berlin und Bremen
1926   24. Juli: Erika Mann heiratet Gustaf Gründgens, Scheidung 1929. Bis 1932 Engagements an Münchener Bühnen, Gastspiele in Berlin, Frankfurt und Hamburg
1927   Oktober: Beginn der Weltreise mit ihrem Bruder Klaus
1928   Erste journalistische Veröffentlichungen

1929   *Hotels* (Bühnenstück, verloren). *Rundherum. Das Abenteuer einer Weltreise* (Reisebericht von Erika und Klaus Mann)

1931   *Das Buch von der Riviera. Was nicht im «Baedeker» steht* (von Klaus und Erika Mann) Frühjahr: Gewinnerin einer Autorallye. *Plagiat* (Komödie)
1932   *Stoffel fliegt übers Meer* (Erstes Kinderbuch). Uraufführung von *Jans Wunderhündchen* in Darmstadt
1933   Januar: Eröffnung des Kabaretts *Die Pfeffermühle* in München. Wenige Wochen später: Emigration in die Schweiz September: Wiederaufnahme der *Pfeffermühle* in Zürich.

1906   18. November: Klaus Heinrich Thomas Mann als zweites Kind von Katia und Thomas Mann in München geboren
1916   Besuch des Wilhelmsgymnasiums in München (bis 1922)

1923   Besuch der Odenwaldschule (bis Sommer 1924)
1924   Juni: Verlobung von Klaus Mann und Pamela Wedekind

1926   *Kindernovelle* (Erzählung), *Revue zu Vieren* (Theaterstück)
1927   Uraufführung der *Revue zu Vieren* (mit Klaus und Erika Mann, Pamela Wedekind und Gustaf Gründgens in den Hauptrollen) am Leipziger Schauspielhaus, anschließend Deutschland-Tournee. Oktober: Beginn der Weltreise mit Klaus und Erika Mann (USA, Hawaii, Japan, Korea, Sowjetunion, bis Juli 1928)
1929   *Alexander. Roman der Utopie*
1930   *Gegenüber von China* (Theaterstück), Uraufführung in Bochum; *Geschwister* (Theaterstück nach Cocteau) Uraufführung in München
1931   *Auf der Suche nach einem Weg* (Aufsätze)

1932   *Kind dieser Zeit* (Autobiographie), *Treffpunkt im Unendlichen* (Roman), *Athen* (Theaterstück)

1933 März   Emigration über Paris nach Amsterdam. Herausgeber der Zeitschrift *Die Sammlung* (September 1933 bis August 1935)

Golo

1909 27. März: Angelus Gottfried Thomas Mann als drittes Kind von Katia und Thomas Mann in München geboren

1918 Besuch des Wilhelmsgymnasiums in München (bis 1922)

1922-23 Besuch des alten Realgymnasiums in München

1923 bis 1927 Besuch der Internatsschule Schloß Salem am Bodensee. Entscheidende Prägung durch den Schulleiter Professor Kurt Hahn

1928 Erste journalistische Versuche im «8-Uhr-Abendblatt»

1929 Studium an der Universität Heidelberg

1930/31 Erste politische Publikationen (*Thomas Mann und die Politik* und andere Artikel) in Heidelberg

1932 Promotion bei Karl Jaspers *Zum Begriff des Einzelnen, des Ich, und des Individuellen bei Hegel*

1933 Emigration mit den Eltern über Sanary-sur-Mer nach Küsnacht bei Zürich.
Bis Herbst 1935 Hilfslektor an der École Normale Supérieure in St. Cloud

Monika, Elisabeth und Michael

1910 7. Juni: Monika Mann als viertes Kind von Katia und Thomas Mann in München geboren

1918 24. April: Elisabeth Veronika Mann als fünftes Kind von Katia und Thomas Mann in München geboren

1919 21. April: Michael Thomas Mann als sechstes Kind von Katia und Thomas Mann in München geboren

ab 1923 Monika besucht die Höhere Töchterschule in München und die Internatsschule Schloß Salem am Bodensee, später eine Kunstschule in Paris

ab 1928 Elisabeth besucht das Wilhelmsgymnasium in München (bis 1933)

1933 März Emigration mit den Eltern und Golo über Sanary-sur-Mer nach Küsnacht bei Zürich

167

ZEITTAFEL ERIKA KLAUS

1934 *Muck, der Zauberonkel*

1935 Juni: Aberkennung der deutschen Staatsangehörigkeit. 15. Juni: Heirat mit dem englischen Dichter Wystan H. Auden, dadurch britische Staatsbürgerin

1937 Januar: *The Peppermill* in New York. März: Anfang einer erfolgreichen Lecturer-Laufbahn. Juli: offizielle Einwanderung in die USA

1938 *Zehn Millionen Kinder* (School for Barbarians), Winter 1938/39: Vortragsreisen durch die USA

1939 Juni–September: Europareise, Besuch der Eltern in Stockholm, Winter 1939/40: Vortragsreisen durch die USA

1940 *The Lights Go Down*. August bis Oktober: Deutschland-Sendungen bei der BBC London. Winter 1940/41: Vortragsreisen durch die USA

1941 Juni–Oktober: BBC London. Winter 1941/42: Vortragsreisen durch die USA

1942 Tätigkeit im «Office of War Information», New York. *A Gang of Ten* (Kinderbuch). Winter 1942/43: Vortragsreisen durch die USA. *Reise mit Robin* (Kinderbuch, unveröffentlicht)

1934 *Flucht in den Norden* (Roman). November: Aberkennung der deutschen Staatsangehörigkeit

1935 *Symphonie Pathétique* (Roman).

1936 *Mephisto* (Roman). September: viermonatige USA-Reise, Vorträge

1937 *Vergittertes Fenster* (Novelle), März: Tschechoslowakische Staatsbürgerschaft. Mai/Juni: Heroin-Entziehungskur in Budapest. Ab September: Vortragsreise durch die USA

1938 April: Entziehungskur in Zürich. Juni/Juli: Klaus mit Erika als Presseberichterstatter im Spanischen Bürgerkrieg; Madrid, Barcelona, Valencia. Ab September: Exil in den USA

1939 *Der Vulkan* (Roman), Erika und Klaus Mann: *Escape to Life*

1940 Erika und Klaus Mann: *The Other Germany*

1941 Herausgeber der Zeitschrift *Decision* (Januar 1941 bis Februar 1942)

1942 *The Turning Point* (Autobiographie, deutsch: *Der Wendepunkt*, 1952). Dezember: Einberufung in die US-Army

Golo

1935 Herbst bis Sommer 1936: Lektor für Deutsch an der Universität Rennes

1936 Aberkennung der deutschen Staatsangehörigkeit, Erwerb der tschechoslowakischen Staatsangehörigkeit

1938 Winter 1938/39: Erster Aufenthalt in den USA

1939 Rückkehr nach Zürich. Übernahme der Redaktion von Thomas Manns Zeitschrift «Maß und Wert», eingestellt September 1940

1940 Kriegsfreiwilliger bei der französischen Armee. Internierung in Nîmes. Flucht mit Heinrich und Nelly Mann über Spanien, Portugal nach New York. Winter 1940/41: bei den Eltern in Princeton

1941 Umzug nach Pacific Palisades in die Villa Thomas und Katia Manns.
Friedrich von Gentz (Biographie)

1942 Herbst bis Sommer 1943: Lehrbeauftragter für Geschichte in Michigan

Monika, Elisabeth und Michael

Michael und Elisabeth besuchen das Freie Gymnasium Zürich. Ausbildung Michaels am Konservatorium Zürich als Violinist und Bratschist, Besuch der Musikakademie.
Aufenthalt Monikas in Florenz

1937 Januar: Umzug Monika Manns nach Wien

1938 Verlobung von Monika Mann mit dem ungarischen Kunsthistoriker Jenö Lányi

1939 März: Heirat von Michael Mann und Gret Moser
Heirat von Monika Mann und Jenö Lányi, Wohnsitz in London
November: Heirat von Elisabeth Mann und Giuseppe Antonio Borgese (Historiker, Literaturwissenschaftler) in Princeton

1940 September: Emigrationsversuch von Monika und Jenö Lányi nach Kanada mit der «City of Benares», Versenkung des Schiffes durch deutsche U-Boote, Tod Jenö Lányis. Oktober: Ankunft von Erika und Monika Mann in New York. Monika unterhält bis 1948 wechselnde Wohnsitze in New York, Chicago u. a. Längere Aufenthalte bei den Eltern. Geburt Frido Manns und Angelica Borgeses

1942 Geburt Anthony Manns, Sohn von Michael und Gret Mann

ZEITTAFEL ERIKA

1943 Als Kriegsberichterstatterin der amerikanischen Armee im Offiziersrang in Ägypten, Persien und Palästina. Winter 1943/44: Vortragsreisen durch die USA.
I of all people (Autobiographie, Fragment, unveröffentlicht)

1944 Dezember: Rückkehr nach New York

1945 bis 1946 Als Kriegsberichterstatterin in Europa. Beobachterin der Nürnberger Kriegsverbrecherprozesse

1947 Winter 1947/48 Vortragsreisen durch die USA. Beginn der engen Zusammenarbeit mit Thomas Mann

1949 Europareise
1950 Herausgeberin von *Klaus Mann zum Gedächtnis*
1951 Europareise
1952 Übersiedlung in die Schweiz gemeinsam mit den Eltern. *Unser Zauberonkel Muck* (Kinderbuch)
1953 *Christoph fliegt nach Amerika* (Kinderbuch), Beginn der Kinderbuchserie *Zugvögel* (bis 1959)
1955 Intensive Beschäftigung mit dem Nachlaß des Vaters. In den Folgejahren Mitwirkung bei Verfilmungen seiner Werke
1956 *Das letzte Jahr. Bericht über meinen Vater*

KLAUS

1943 *André Gide and the Crisis of Modern Thought*. Amerikanische Staatsbürgerschaft

1944 Mit der US Army in Casablanca und Italien

1945 Mitarbeiter der Armeezeitung «The Stars and Stripes». Mai/Juni: Berichterstatter in Österreich und Deutschland. September: Entlassung aus dem Armeedienst. In den Folgejahren wechselnde Wohnsitze: Rom, Amsterdam, New York, Kalifornien
1946 *Der siebente Engel* (Drama)

1948 *André Gide. Die Geschichte eines Europäers*. August: Lektor im Bermann-Fischer/Querido-Verlag. Amsterdam
1949 21. Mai: Selbstmord in Cannes

Golo

1943 Amerikanische Staatsbürgerschaft. Militärdienst bei der US Army. Winter 1943/44: Übersetzer in Washington D. C.

1944 ab Mai: Mitarbeit in der deutschen Abteilung der ABC in London
1945 Tätigkeiten bei US-Radiosendern in Luxemburg und bei der Voice of America in Bad Nauheim. Dezember: Entlassung aus dem Armeedienst
1946 bis Oktober: Tätigkeit bei Radio Frankfurt. November: Rückkehr in die USA, ABC New York

1947 Herbst bis Sommer 1958 (mit Unterbrechungen): Professor für Geschichte am Claremont College, Kalifornien

1951 1951/52 Gastvorträge an deutschen Universitäten
1952 1952/53 Rückkehr an das Claremont College

1953 bis 1955 zweijähriger Europaaufenthalt, publizistische Tätigkeit, Wohnsitz in Zürich
1954 *Vom Geist Amerikas. Eine Einführung in amerikanisches Denken und Handeln im 20. Jahrhundert*

1956 bis 1957 Aufenthalt in Altnau am Bodensee, um die *Deutsche Geschichte des 19. und 20. Jahrhunderts* abzuschließen. Beginn der Herausgeberschaft der *Propyläen-Weltgeschichte*
1957 *Außenpolitik*. Rückkehr ans Claremont College. 1958: endgültige Übersiedelung nach Europa

Monika, Elisabeth und Michael

1944 Geburt Dominica Borgeses, Tochter von Elisabeth und Giuseppe Antonio Borgese

1948 August: Unterbringung Monika Manns in einem anthroposophischen Heim

1952 Übersiedelung Elisabeth Mann Borgeses nach Florenz. Oktober. Giuseppe Antonio Borgese in Fiesole gestorben
1953 Umzug Monika Manns nach Capri. Freundschaft mit Antonio Spadaro

1956 Monika Mann: *Vergangenes und Gegenwärtiges – Erinnerungen*

1957 Elisabeth Mann Borgese: *To Whom it May Concern* (Erzählungen)

ZEITTAFEL ERIKA

1961–1965 Herausgeberin der
dreibändigen Ausgabe der Briefe
Thomas Manns

1969 27. August: Erika Mann im
Kantonsspital Zürich gestorben

Golo

1958 *Deutsche Geschichte des 19. und 20. Jahrhunderts.* Gastprofessur in Münster
1960 Ordentlicher Professor für Politische Wissenschaften an der Technischen Hochschule Stuttgart
1961 Rede zur Einweihung des Thomas-Mann-Archivs in Zürich
1962 Wohnsitz in Berzona / Tessin. Nachbar von Alfred Andersch und Max Frisch. Verleihung des Fontane-Preises für Literatur
1964 *Die Ära Adenauer* (Vortrag). Auslöser einer Bundestagsdebatte über die Oder-Neiße-Linie
1965 bis 1993 Wohnsitz in Kilchberg im letzten Haus der Eltern
1966 Begegnung mit Konrad Adenauer
1968 Verleihung des Georg-Büchner-Preises
1969 Erwerb der Schweizer Staatsbürgerschaft
1971 *Wallenstein* (historischer Roman)
1973 *Zwölf Versuche.* Rede anläßlich der Übergabe des Klaus-Mann-Archivs in München
1974 *Golo Mann im Gespräch mit Richard von Weizsäcker* (Fernsehsendung)
1979 *Zeiten und Figuren. Schriften aus vier Jahrzehnten*
1982 *Nachtphantasien*
1986 *Erinnerungen und Gedanken. Eine Jugend in Deutschland* (Autobiographie)
1989 *Wir alle sind, was wir gelesen* (Aufsätze und Reden zur Literatur)
1991 *Wissen und Trauer* (historische Portraits und Skizzen)
1994 7. April: Golo Mann in Leverkusen gestorben

Monika, Elisabeth und Michael

1958 Michael Mann gibt die Musikerlaufbahn auf. Studium der Germanistik
1961 Michael Mann promoviert an der Harvard University über Heinrich Heines Musikkritiken
1963 Elisabeth Mann Borgese: *Ascent of Woman*
1965 Elisabeth Mann Borgese: *Wie man mit den Menschen spricht*
1967 Beginn der Bemühungen Elisabeth Mann Borgeses um den Meeresschutz
1970 Michael und Gret Mann adoptieren die Inderin Raju, geboren 1963
1974 Katia Mann: *Meine ungeschriebenen Memoiren* (Autobiographie)
1975 Elisabeth Mann Borgese: *The Drama of the Ocean*
1977 1. Januar: Michael Mann in Orinda, Kalifornien, gestorben
1980 11. Februar: Katia Mann in Kilchberg bei Zürich gestorben
1981 Elisabeth Mann Borgese: *Seafarm: The Story of Aquaculture*
1983 Michael Mann: *Fragmente eines Lebens* (Autobiographie)
1985 Frido Mann: *Professor Parsifal* (Roman)
Tod Antonio Spadaros, Umzug Monika Manns nach Zürich
1992 17. März: Monika Mann in Leverkusen gestorben
Frido Mann: *Der Infant* (Roman)

Zeugnisse

Kurt Tucholsky über Heinrich Mann

Es spricht für den genialen Weitblick des Künstlers, der den «Untertan» geschrieben hat, daß nichts, aber auch nichts, was in diesem Buche steht, so übertrieben ist, wie seine Feinde es gern wahr haben möchten. Man hat mir von rechts her immer wieder, wenn ich das Buch als Anatomie-Atlas des Reichs rühmte, entgegengehalten: «Das gibt es nicht – das kann es nicht geben! Karikatur! Parodie! Satire! Pamphlet!» Und ich sage: bescheidene Fotografie. Es ist in Wahrheit schlimmer, es ist viel schlimmer.
Aus: Mit Rute und Peitsche durch Preußen-Deutschland, 1927

Gottfried Benn über Heinrich und Thomas Mann

Da kamen um 1900 die Brüder Mann und phosphoreszierten. Lehrten einer literarischen Generation das Gefährliche, das Rauschhafte, den Verfall, der notorisch zu den Dingen der Kunst gehört, aus ihrem gemischten Blut […] die Kunst als die hohe geistige Korruption, zu fühlen, was keiner fühlte, die erst zu erfindenden Verfeinerungen, brachten – Sie sind vorbereitet auf das Wort – brachten die Artistik.
Rede auf Heinrich Mann, 1931

Siegfried Kracauer über Klaus Mann

Klaus Mann mit seinem Schreibtalent schreibt das schmierige Leben einfach ab, ohne ihm irgendeine Bedeutung zu entnehmen, und fühlt sich auch noch wohl dabei. Geschrieben werden muß. Der Skrupellosigkeit dieses Betätigungsdranges entspricht die der Mache. Sie ist modern frisiert und erstrahlt im Glanz flüchtig aufgelesener Effekte, die in diesem Zusammenhang nur leider nicht glänzen wollen … Ein verschmiertes Talent. Eine wendige Schmiererei.
«Frankfurter Zeitung», 1. Mai 1932

Joseph Roth über Erika Mann

Ich habe die Empfindung, daß ich Ihnen sagen muß: Sie machen zehn Mal mehr gegen die Barbarei, als wir alle Schriftsteller zusammen. Ich bin ein wenig beschämt, aber dafür auch sehr stark ermuntert.
Aus einem Brief an Erika Mann, Frühjahr 1935

Lion Feuchtwanger über Klaus Mann

Man hat diesem Schriftsteller viel Unrecht getan. Man hat ihm zu oft auf die Schulter geklopft und hat zu selten erkannt, was an ihm Gewichtiges war. Ich glaube, wenn sich die Wasser verlaufen haben, wenn sich zeigt, welche von den deutschen Büchern unserer Tage Bestand haben, dann werden unter diesen nicht vielen Büchern die beiden Romane Klaus Manns [*Mephisto* und *Der Vulkan*] genannt werden.
«Klaus Mann zum Gedächtnis», 1950

Golo Mann über die Kinder Thomas Manns

Keiner von uns – wir waren sechs Geschwister – wollte dem Vater nacheifern; aber doch sind wir alle irgendwie beeinflusst. Das lässt sich nicht wegdenken. Die Begabung des Vaters ist auf vielerlei Weise durchgesickert. Ganz ohne Literatur ist keines der sechs Kinder geblieben. Aber ich möchte uns alle als «zweite Generation» bezeichnen. Ein Schriftsteller wie Günter Grass ist meiner Meinung nach «erste Generation», weil er sich alles selbst erarbeitet hat. Doch wenn der Vater ein so bedeutender Vater ist wie der unsrige, dann

sind wir eben die zweite Generation.
Wir haben eine gewisse Verantwortung und eine gewisse Kultur geerbt, ohne «etwas dafür zu können».
«Elle», 15. Mai 1967

Martin Gregor-Dellin über Erika Mann
Etwas von der Begeisterung und dem Abenteuer ihrer Kindheit, vom Abenteuerlichen des Lebens selbst blieb ihrem Sein und Wesen erhalten bis ins letzte Jahr, obwohl doch Ernst und Bewährung ihr so früh schon abverlangt wurden. Kaum siebenundzwanzig Jahre alt, stand sie in der Emigration unter der doppelten Belastung, ihre eigene Existenz als Schriftstellerin, Journalistin, Schauspielerin zu behaupten und in den entscheidenden Augenblicken an der Seite ihres Vaters zu sein. Der tiefe Einblick in seine Welt verbindet sie seinem Werk und Leben für immer.
Gedenkrede auf Erika Mann, 1969

Golo Mann über Heinrich Mann
Ein Künstler in der Tat: kindlich und leichtgläubig bei aller Klugheit, gütig empfindlich, zum Zorn geneigt; begierig nach des Lebens Freuden; zuletzt einsam und traurig. Kunst war, was er schrieb und trieb, gerade auch das Politische. Von dem verstand er nicht ganz so viel, wie die Leute glaubten; es war ihm zu sehr an der Form gelegen. Ihn vorlesen zu hören, aus dem Seinen, hatte etwas Ergreifendes.
Zum 100. Geburtstag am 27. März 1971

Hans Erich Nossack über Thomas Mann
Von Anfang an, das heißt, als ich noch sehr jung und kaum ein Anfänger war, ist mir der Stil von Thomas Mann ein warnendes Beispiel gewesen, wie man auf gar keinen Fall schreiben darf. Sein Stil ist nämlich, und der Meinung bin ich auch jetzt noch, nicht der Ausdruck einer Persönlichkeit, sondern eine großartig gekonnte Pose, durch die der völlige Mangel an Originalität verborgen wird.
Inbegriff der Unehrlichkeit und Feigheit. In: Was halten Sie von Thomas Mann, 1975

Marcel Reich-Ranicki über Golo Mann
Daß er an politischer Einsicht Thomas und Heinrich Mann weit übertroffen hat, will, da beiden diese Materie eher fremd war, nicht viel heißen. Kein Zweifel, beider Verlautbarungen zum Tagesgeschehen hatten dereinst ein starkes Echo, doch vor allem deshalb, weil der eine die «Buddenbrooks» und der andere den «Untertan» verfaßt hatte. Golo Manns unkonventionelle und bisweilen eigenwillige Warnungen und Vorschläge werden um ihrer selbst respektiert – und nicht weil er der Autor des «Wallenstein» ist.
Die Befreiung eines Ungeliebten, 1986

Fritz H. Landshoff über Klaus Mann
Klaus war ein treuer und zuverlässiger Freund. Er war nicht egozentrisch, sondern offen für die Probleme und Nöte seiner Freunde. Es war ihm wichtig, seine Freundschaft zu bekunden, und er machte sich gerne manche Mühe, sie zu beweisen.
Erinnerungen eines Verlegers, 1991

Joachim Kaiser über Thomas Mann
Er war wohl doch der größte, repräsentativste, schreibmächtigste und universalste deutsche Autor der ersten Jahrhunderthälfte. Diesen Künstler konfrontierten Geburt, Schicksal und Heimsuchung mit einer Geschehnisballung, der gegenüber sich vergleichsweise harmlos ausnimmt, was in der zweiten Hälfte

unseres Jahrhunderts bislang passierte ...
Rede in der Paulskirche anläßlich der abgeschlossenen Tagebuchedition, April 1995

Günter Grass über Thomas Mann

An ihm wetzen schmal ausgestattete Talente gern ihren Stichel. Kleingeister tun sich groß beim Abrechnen. Spießer von akademischem Rang bekritteln sein Familienleben. Und Fliegenbeinzähler klopfen sein Werk nach homoerotischen Nahtstellen ab. Neuerdings sind, außer berufsnotorischen Saubermännern, auch Biographen bemüht, der McCarthy-Ära Dauer zu verleihen, indem sie dem fürs Mittelmaß übergroßen Autor «ideologische Unzuverlässigkeit» ankreiden ...
Rede zur Verleihung des Thomas-Mann-Preises in Lübeck am 5. Mai 1996

Bibliographie

1. Die Familie Mann über sich selbst

Mann, Erika: *Das letzte Jahr. Bericht über meinen Vater.* Frankfurt a. M. 1956
–: *Briefe und Antworten.* Hg. von Anna Zanco Prestel. 2 Bände. München 1984–1985
–: *Mein Vater, der Zauberer.* Hg. von Irmela von der Lühe und Uwe Naumann. Reinbek 1996
Mann, Frido: *«Der Wendepunkt» gestern und heute.* In: Klaus Mann: Der Wendepunkt. München 1981
–: *Professor Parsifal. Autobiographischer Roman.* München 1985
Mann, Golo: *Thomas Mann. Zum 70. Geburtstag des größten deutschen Dichters unserer Zeit.* In: «Das Kieler Nachrichtenblatt der Militärregierung», 6. Juni 1945
–: *Recollection of my Father.* In: «Claremont Quarterly», 1958
–: *Erinnerungen an meinen Vater.* In: Thomas Mann. Bonn 1965, S. 5ff.
–: *Erinnerungen an meinen Vater.* In: «Universitas», Heft 9/1968
–: *Mein Vater Thomas Mann.* Vortrag zum 125jährigen Bestehen der Buchhandlung Gustav Weiland, Nachf., Lübeck 1970
–: *Der Bruder zur Linken.* Zur Neuauflage von Heinrich Manns «Ein Zeitalter wird besichtigt». In: «Frankfurter Allgemeine Zeitung», 21. September 1974
–: *Erinnerungen an meinen Bruder Klaus.* In: «Die Neue Rundschau» 86 (1975)
–: *Heinrich Mann, «Ein Zeitalter wird besichtigt».* In: Golo Mann, Zeiten und Figuren. Schriften aus vier Jahrzehnten. Frankfurt a. M. 1979
–: *Erinnerungen an Katia Mann.* In: «Zürcher Leu», 1980
–: *Buch ist Buch, Film ist Film. Über Thomas Manns Verfilmungen.* In: «Die Weltwoche», 3. Februar 1982
Mann, Heinrich: *Ein Zeitalter wird besichtigt.* Stockholm 1946
Mann, Julia: *Ich spreche so gern mit meinen Kindern. Erinnerungen, Skizzen, Briefwechsel mit Heinrich Mann.* Berlin–Weimar 1991
Mann, Katia: *Tagebücher über ihre Kinder (1910–ca. 1915).* Auszüge in: Golo Mann. Erinnerungen und Gedanken. Eine Jugend in Deutschland. Frankfurt a. M. 1986, S. 10–18
–: *Meine ungeschriebenen Memoiren.* Hg. von Elisabeth Plessen und Michael Mann. Frankfurt a. M. 1974
–: *Briefe an Heinrich Mann.* In: «Thomas Mann Jahrbuch» Bd. 1, 1988, S. 167–230
Mann, Klaus: *Kind dieser Zeit.* Reinbek 1967
–: *Der Wendepunkt. Ein Lebensbericht.* Reinbek 1984
–: *Briefe und Antworten 1922–1949.* Hg. von Martin Gregor-Dellin. Reinbek 1991
Mann, Michael: *Fragmente eines Lebens. Lebensbericht und Auswahl seiner Schriften.* Hg. von Frederic C. und Sally P. Tubach. München 1983
Mann, Monika: *Vergangenes und Gegenwärtiges – Erinnerungen.* München 1956
–: *Wunder der Kindheit. Bilder und Impressionen.* Köln 1966
Mann, Thomas: *Bericht über meinen Bruder.* In: Gesammelte Werke in dreizehn Bänden. Bd. 11, Frankfurt a. M. 1990, S 476–480
–: *Brief über das Hinscheiden meines Bruders Heinrich.* In: Gesammelte Werke in dreizehn Bänden, Bd. 10, Frankfurt a. M. 1990, S. 521–523
–: *Über mich selbst. Autobiographische Schriften.* Frankfurt a. M. 1994
– und **Heinrich Mann:** *Briefwechsel.* Hg. von Hans Wysling. Frankfurt a. M. 1975. Erw. Neuausgabe 1984

Mann, Viktor: *Wir waren fünf. Bildnis der Familie Mann.* Konstanz 1949. Neuauflage: Frankfurt a. M. 1976

Pringsheim-Dohm, Hedwig: *Kinderbüchlein. Tagebuch über ihre Kinder.* Auszüge über Katia. In: Peter de Mendelssohn: Der Zauberer. Das Leben des deutschen Schriftstellers Thomas Mann. München 1975, S. 588 ff.

Sinn und Form: Sonderheft Thomas Mann. Bearb. von Hans Bunge. Bd. 17 (1965). Darin: Dokumente zur Geschichte der Familie Mann in Lübeck.

2. Sekundärliteratur über die Familie Mann

Banuls, André: *Thomas Mann und sein Bruder Heinrich. «Eine repräsentative Gegensätzlichkeit».* Stuttgart 1968

Berendsohn, Walter A.: *Thomas Mann und die Seinen. Porträt einer literarischen Familie.* Bern–München 1973

Brandt, Heike: *«Die Menschenrechte haben kein Geschlecht». Die Lebensgeschichte der Hedwig Dohm.* Weinheim–Basel 1989

Erika und Klaus Mann. Bilder und Dokumente. Konzeption: Ursula Hummel. Text: Eva Chrambach. München 1990

Eickhölter, Manfred (Hg.): *Poesie-Album der Caroline Boheim, Pflegetochter der Familie Mann in Lübeck.* Lübeck 1999

Fest, Joachim: *Die unwissenden Magier. Über Thomas und Heinrich Mann.* Berlin 1985

Heinrich und Thomas Mann. Ihr Leben in Text und Bild. Katalog zur ständigen Ausstellung im Buddenbrookhaus der Hansestadt Lübeck. Hg. von Eckhard Heftrich, Peter-Paul Schneider und Hans Wißkirchen. Lübeck 1994

Julia Mann. Brasilien, Lübeck, München. Lebensstationen der Mutter der Brüder Mann. Katalogbuch zur Ausstellung im Budenbrookhaus. Hg. vom Heinrich-und-Thomas-Mann-Zentrum. Lübeck 1999

Kantorowicz, Alfred: *Heinrich und Thomas Mann. Die persönlichen, literarischen und weltanschaulichen Beziehungen der Brüder.* Berlin 1956

Krüll, Marianne: *Im Netz der Zauberer. Eine andere Geschichte der Familie Mann.* Zürich 1991. Überarbeitete Neuausgabe: Frankfurt a. M. 1993

Matthes, Sonja: *Friedrich Mann oder Christian Buddenbrook. Eine Annäherung.* Würzburg 1997

Reich-Ranicki, Marcel: *Thomas Mann und die Seinen.* Stuttgart 1987

Stephan, Alexander: *Im Visier des FBI. Deutsche Exilschriftsteller in den Akten amerikanischer Geheimdienste.* Stuttgart–Weimar 1995

Wißkirchen, Hans: *Spaziergänge durch das Lübeck von Heinrich und Thomas Mann.* 2. Aufl. Zürich–Hamburg 1997

3. Biographien, Lebenszeugnisse und Dokumente

3.1 Thomas Mann

Bürgin, Hans, und **Hans-Otto Mayer:** *Thomas Mann. Eine Chronik seines Lebens.* Frankfurt a. M. 1965, 1974

Harpprecht, Klaus: *Thomas Mann. Eine Biographie.* Reinbek 1995

Kolbe, Jürgen: *Heller Zauber: Thomas Mann in München 1884–1933.* Berlin 1987

Kurzke, Hermann: *Thomas Mann. Das Leben als Kunstwerk. Eine Biographie.* München 1999

Mendelssohn, Peter de: *Der Zauberer. Das Leben des deutschen Schriftstellers Thomas Mann.* Drei Bände. Frankfurt a. M. 1996

Prater, Donald A.: *Thomas Mann. Deutscher und Weltbürger*. Eine Biographie. Übersetzung a. d. Engl.: Fred Wagner. München–Wien 1995
Schröter, Klaus: *Thomas Mann mit Selbstzeugnissen und Bilddokumenten.* Reinbek 1964
Sprecher, Thomas: *Thomas Mann in Zürich*. Zürich 1992
Winston, Richard: *Thomas Mann. Das Werden eines Künstlers 1875–1911*. München 1985
Wysling, Hans, und **Yvonne Schmidlin (Hg.)**: *Bild und Text bei Thomas Mann*. Bern–München 1975
–: *Thomas Mann. Ein Leben in Bildern.* Zürich 1994

3.2. Heinrich Mann

Anger, Sigrid: *Heinrich Mann 1871–1950. Werk und Leben in Dokumenten und Bildern*. Mit unveröffentlichten Manuskripten und Briefen aus dem Nachlaß. Hg. von der Deutschen Akademie der Künste zu Berlin. Berlin 1971, 2. Aufl. 1977
Arnold, Heinz Ludwig (Hg.): *Heinrich Mann*. Sonderheft «Text + Kritik». München 1971, 4. Aufl. 1986
Banuls, André: *Heinrich Mann. Le poète et la politique*. Paris 1966. Gekürzte, neubearb. dt. Fassung: Heinrich Mann. Stuttgart 1970
Ebersbach, Volker: *Heinrich Mann. Leben, Werk, Wirken*. Leipzig 1982
Hamilton, Nigel: *The brothers Mann. The lives of Heinrich and Thomas Mann 1871–1950 and 1875–1955*. New Haven 1979
Hock, Brigitte: *Heinrich Mann*. Leipzig 1983
Jasper, Willi: *Der Bruder. Heinrich Mann. Eine Biographie*. München–Wien 1992
Jhering, Herbert: *Heinrich Mann*. Berlin 1951
Linn, Rolf N.: *Heinrich Mann*. New York 1967
Schoeller, Wilfried F.: *Heinrich Mann. Bilder und Dokumente*. München 1991
Schröter, Klaus: *Heinrich Mann mit Selbstzeugnissen und Bilddokumenten.* Reinbek 1967
Seyppel, Joachim: *Abschied von Europa. Die Geschichte von Heinrich und Nelly Mann*. Berlin–Weimar 1979

3.3 Erika Mann

Budzinski, Klaus: *Pfeffer im Getriebe. So ist und wurde das Kabarett*. München 1982
Frisch, Shelley: «*Die Pfeffermühle». Political Dimensions of a Literary Cabaret*. In: Alexander Stephan (Hg.): Exil. Literatur und Künste nach 1933. Bonn 1990, S. 141–153
Keiser-Hayne, Helga: *Erika Mann und ihr politisches Kabarett «Die Pfeffermühle» 1933–1937*. Texte, Bilder, Hintergründe. Reinbek 1995
Lühe, Irmela von der: *Erika Mann. Eine Biographie*. 2. Aufl. Frankfurt a. M.– New York 1994
«*Wir werden es schon zuwege bringen, das Leben»*. Annemarie Schwarzenbach an Erika und Klaus Mann. Briefe 1930–1942. Hg. von Uta Fleischmann. Pfaffenweiler 1993

3.4. Klaus Mann

Adler, Wulf-Jürgen (Hg.): *Klaus Mann 1906–1949: Leben und Werk in Texten und Dokumenten*. Ahlen 1981
Arnold, Heinz Ludwig (Hg.): *Klaus Mann*. Text und Kritik, Hft. 93/94, München 1987
Klaus Mann zum Gedächtnis. Hg. von Erika Mann. Amsterdam 1950
Kroll, Fredric (Hg.): *Klaus-Mann-Schriftenreihe* Bd. 1: Bibliographie. Wiesbaden 1976; Bd. 2: Unordnung und früher Ruhm 1906–1927. Wiesbaden 1977; Bd. 3: Vor der

Sintflut 1927–1933. Wiesbaden 1979; Bd. 4/I: Sammlung der Kräfte 1933–1934. Wiesbaden 1992; Bd. 5: Trauma Amerika 1937–1942. Wiesbaden 1986; Bd. 6: Der Tod in Cannes 1943–1949. Hannover 1996
Naumann, Uwe: *Klaus Mann mit Selbstzeugnissen und Bilddokumenten.* Reinbek 1984
Naumann, Uwe (Hg.): *«Ruhe gibt es nicht, bis zum Schluß». Klaus Mann (1906–1949). Bilder und Dokumente.* Reinbek 1999
Spangenberg, Eberhard: *Karriere eines Romans. Mephisto, Klaus Mann und Gustaf Gründgens.* München 1982

3.5 Golo Mann

Koch, Jeroen: *Golo Mann und die deutsche Geschichte. Eine intellektuelle Biographie.* Paderborn–München–Wien–Zürich 1998

3.6 Elisabeth Mann Borgese

Elisabeth Mann Borgese – Die Meer-Frau. Gespräch mit Amadon Seitz. Reihe «Zeugen des Jahrhunderts». Göttingen 1993

4. Werke der Familienmitglieder

4.1 Thomas Mann

Stockholmer Gesamtausgabe der Werke von Thomas Mann. 20 Bde. Stockholm 1939–1948 (Bermann-Fischer Verlag); Amsterdam 1948 (Bermann-Fischer-Verlag); Wien 1949 (Bermann-Fischer Verlag); Berlin–Frankfurt a. M. 1950ff. (S. Fischer Verlag)
Gesammelte Werke in zwölf Bänden. Berlin 1955 (Aufbau-Verlag)
Gesammelte Werke in dreizehn Bänden. Frankfurt a. M. 1960, 1974 (S. Fischer Verlag). Taschenbuchausgabe: Frankfurt a. M. 1990 (Fischer Taschenbuch Verlag). Bd. I: Buddenbrooks; Bd. II: Königliche Hoheit, Lotte in Weimar; Bd. III: Der Zauberberg; Bd. IV: Joseph und seine Brüder: Die Geschichten Jaakobs, Der junge Joseph; Bd. V: Joseph und seine Brüder: Joseph in Ägypten, Joseph, der Ernährer; Bd. VI: Doktor Faustus; Bd. VII: Der Erwählte, Bekenntnisse des Hochstaplers Felix Krull; Bd. VIII: Erzählungen, Fiorenza, Dichtungen; Bd. IX: Reden und Aufsätze 1; Bd. X: Reden und Aufsätze 2; Bd. XI: Reden und Aufsätze 3; Bd. XII: Reden und Aufsätze 4; Bd. XIII: Nachträge
Die Briefe Thomas Manns. Regesten und Register. Hg. von Hans Bürgin, Hans-Otto Mayer. Bd I: 1889–1933. Frankfurt a. M. 1976; Bd. II: 1934–1943. Frankfurt a. M. 1980; Bd. III: 1944–1950. Frankfurt a. M. 1982; Bd. IV: 1951–1955 und Nachträge. Frankfurt a. M. 1984; Bd. V: Empfängerverzeichnis, Gesamtregister. Frankfurt a. M. 1987
Briefe 1889–1955 und Nachlese, Hg. von Erika Mann. 3 Bde. Bd. I: 1889–1936; Bd. II: 1937–1947; Bd. III: 1948–1955. Frankfurt a. M. 1961–1965
Thomas Mann – Agnes E. Meyer. Briefwechsel 1937–1955. Hg. von Hans Rudolf Vaget. Frankfurt a. M. 1992
Tagebücher. Hg. von Peter de Mendelssohn und Inge Jens. 10 Bde. Frankfurt a. M. 1979–1995. 1918–1921 (1979); 1933–1934 (1977); 1935–1936 (1978); 1937–1939 (1980); 1940–1943 (1982); 1944–1946 (1986); 1946–1948 (1989); 1949–1950 (1991); 1951–1952 (1993); 1953–1955 (1995). Als Kassette in 10 Bdn.: Frankfurt a. M. 1997
Notizbücher. Hg. von Hans Wysling. Frankfurt a. M. 1991
Ton- und Filmaufnahmen. Ein Ver-

zeichnis. Zusammengestellt von Ernst Loewy. Hg. vom Deutschen Rundfunkarchiv. Frankfurt a. M. 1974

Frage und Antwort. Interviews mit Thomas Mann 1909–1955. Hg. von Volkmar Hansen und Gert Heine. Hamburg 1983

4.2 Heinrich Mann

Gesammelte Werke. 24 Bde. Hg. von der Deutschen Akademie der Künste. Kommentiert von Sigrid Anger u. a. Berlin–Weimar 1965–1984 (Aufbau-Verlag; bislang vollständigste Ausgabe)

Studienausgabe in Einzelbänden. Hg. von Peter-Paul Schneider. Frankfurt a. M. 1986 ff. (Fischer Taschenbuch Verlag). Bislang erschienen: Die kleine Stadt (1986); Die Jagd nach Liebe (1987); Die Göttinnen: Die drei Romane der Herzogin von Assy: I Diana (1987), II Minerva (1987), III Venus (1987); Zwischen den Rassen (1987); Der Haß. Deutsche Zeitgeschichte (1987); Ein Zeitalter wird besichtigt (1988); Im Schlaraffenland (1988); Empfang bei der Welt (1988); Flöten und Dolche. Novellen (1988); Professor Unrat (1989); Macht und Mensch. Essays (1989); Die Jugend des Königs Henri Quatre (1991); Die Vollendung des Königs Henri Quatre (1991); Der Untertan (1991); Stürmische Morgen. Novellen (1991); Ein ernstes Leben (1991); Mut. Essays (1991); Es kommt der Tag. Essays (1992); Der Atem (1993); Sieben Jahre. Chronik der Gedanken und Vorgänge (1994); Die Armen (1995); Geist und Tat. Franzosen von 1780–1830. Essays (1997)

Gesammelte Werke in Einzelbänden. Hg. von Peter-Paul Schneider. Frankfurt a. M. 1994 ff. (S. Fischer) [diese Ausgabe unterscheidet sich in den folgenden Bänden von der Studienausgabe:]

– Haltlos. Sämtliche Erzählungen. Band 1 (1995)
– Liebesspiele. Sämtliche Erzählungen. Band 2 (1996)
– Die Verräter. Sämtliche Erzählungen. Band 3 (1996)

Heinrich Mann – Ludwig Ewers. Briefwechsel. Hg. von Ulrich Dietzel und Rosemarie Eggert. Berlin–Weimar 1980

Heinrich Mann – Barthold Fles. Briefwechsel. Hg. von Madeleine Rietra. Berlin–Weimar 1993

Heinrich Mann. Briefe an Karl Lemke und Klaus Pinkus. Hamburg o. J.

4.3 Erika Mann

4.3.1 Bücher für Erwachsene

School for Barbarians. Education under the Nazis. Introduction by Thomas Mann. New York 1938. Deutsche Ausgabe: Zehn Millionen Kinder. Die Erziehung der Jugend im Dritten Reich. Mit einem Geleitwort von Thomas Mann. Amsterdam 1938

The Lights Go Down. Übersetzt von Maurice Samuel. New York 1940

4.3.2 Kinderbücher

Jan's Wunderhündchen. Ein Kinderstück in sieben Bildern von Erika Mann und Richard Hallgarten. Berlin 1931

Stoffel fliegt übers Meer. Stuttgart 1932

Muck, der Zauberonkel. Basel 1934

A Gang of Ten. New York 1942. Deutsche Ausgabe: *Zehn jagen Mr. X.* Übersetzt von Elga Abramowitz, mit einem Nachwort von Golo Mann. Berlin 1990

Unser Zauberonkel Muck. Augsburg 1952

Wenn ich ein Zugvogel wär; Till bei den Zugvögeln; Die Zugvögel auf Europa-Fahrt; Die Zugvögel singen in Paris und Rom. München 1953–1955

Die Zugvögel, Sängerknaben auf abenteuerlicher Fahrt. Bern 1959

4.4. Klaus Mann

Alexander. Roman der Utopie. Mit einem Vorwort von Jean Cocteau. Reinbek 1983
André Gide und die Krise des modernen Denkens. Reinbek 1984
Auf verlorenem Posten. Aufsätze, Reden, Interviews 1942–1949. Hg. von Uwe Naumann und Michael Töteberg. Reinbek 1994
Distinguished Visitors. Der amerikanische Traum. Hg. und mit einem Nachwort von Heribert Hoven. Reinbek 1996
Flucht in den Norden. Roman. Mit einem Nachwort von Martin Gregor-Dellin. Reinbek 1981
Der fromme Tanz. Das Abenteuerbuch einer Jugend. Reinbek 1986
Maskenscherz. Die frühen Erzählungen. Hg. von Uwe Naumann. Reinbek 1990
Mephisto. Roman einer Karriere. Mit einem Vorwort von Berthold Spangenberg. Reinbek 1981
Die neuen Eltern. Aufsätze, Reden, Kritiken 1924–1933. Hg. von Uwe Naumann und Michael Töteberg. Reinbek 1992
Der siebente Engel. Die Theaterstücke. Hg. von Uwe Naumann und Michael Töteberg. Reinbek 1989
Speed. Die Erzählungen aus dem Exil. Hg. von Uwe Naumann. Reinbek 1990
Symphonie Pathétique. Ein Tschaikowsky-Roman. Mit einem Nachwort von Fredric Kroll. Reinbek 1999
Tagebücher 1931–1949. 6 Bände. Hg. von Joachim Heimannsberg, Peter Laemmle und Wilfried F. Schoeller. Neubearbeitung des Anhangs unter Mitarbeit von Fredric Kroll und Roger Perret. Reinbek 1995
Treffpunkt im Unendlichen. Roman. Mit einem Nachwort von Fredric Kroll. Reinbek 1998
Der Vulkan. Roman unter Emigranten. Mit einem Nachwort von Martin Gregor-Dellin. Reinbek 1981
Das Wunder von Madrid. Aufsätze, Reden, Kritiken 1936–1938. Hg. von Uwe Naumann und Michael Töteberg. Reinbek 1993
Zahnärzte und Künstler. Aufsätze, Reden, Kritiken 1933–1936. Hg. von Uwe Naumann und Michael Töteberg. Reinbek 1993
Zweimal Deutschland. Aufsätze, Reden, Kritiken 1938–1942. Hg. von Uwe Naumann und Michael Töteberg. Reinbek 1994

4.5 Erika und Klaus Mann

Rundherum. Das Abenteuer einer Weltreise. Berlin 1929
Das Buch von der Riviera. Was nicht im «Baedeker» steht. München 1931
Escape to Life. Boston 1939, Houghton & Mifflin. Deutsche Ausgabe: *Escape to Life. Deutsche Kultur im Exil.* Hg. und mit einem Nachwort von Heribert Hoven. München 1991
The Other Germany. Übersetzt von Heinz Norden. New York 1940

4.6 Golo Mann

Friedrich von Gentz. Geschichte eines europäischen Staatsmannes. Zürich–Wien 1947
Vom Geist Amerikas. Eine Einführung in amerikanisches Denken und Handeln im zwanzigsten Jahrhundert. Stuttgart 1954/1961
Außenpolitik. Frankfurt a. M. 1957
Deutsche Geschichte des 19. und 20. Jahrhunderts. Frankfurt a. M. 1958
Propyläen Weltgeschichte. Eine Universalgeschichte. Hg. von Golo Mann, A. Heuss und A. Nitschke. 10 Bde. Berlin–Frankfurt a. M.–Wien 1960–1965
Geschichte und Geschichten. Frankfurt a. M. 1961
Deutsche Geschichte 1919–1945. Frankfurt a. M. 1961

Über Antisemitismus. Frankfurt a. M. 1961
Zuviel Publizität? Ein Brief Golo Manns in Sachen Thomas-Mann-Archiv. In: «Stuttgarter Zeitung», 21. August 1961
Deutsche Geschichte des 19. und 20. Jahrhunderts. Frankfurt a. M. 1966
Wallenstein. Sein Leben erzählt von Golo Mann. Frankfurt a. M. 1971
Zwölf Versuche. Frankfurt a. M. 1973
Zeiten und Figuren. Schriften aus vier Jahrzehnten. Frankfurt a. M. 1979
Nachtphantasien. Frankfurt a. M. 1982
Erinnerungen und Gedanken. Eine Jugend in Deutschland. Frankfurt a. M. 1986
Erinnerungen und Gedanken. Lehrjahre in Frankreich. Frankfurt a. M. 1999
Wir alle sind, was wir gelesen. Aufsätze und Reden zur Literatur. Frankfurt a. M. 1989
Wissen und Trauer. Historische Porträts und Skizzen. Leipzig 1991

4.7 Elisabeth Mann Borgese

Zwei Stunden. Geschichten am Rande der Zeit. Erzählungen. Hamburg 1965. Zuerst amerik.: *To Whom it May Concern. A Collection of Short Stories.* New York 1957
Aufstieg der Frau – Abstieg des Mannes? München 1965. Zuerst amerik.: *Ascent of Woman.* New York 1963
Wie man mit den Menschen spricht... Hg. von Peter K. Wehrli. Bern–München 1965. Amerik.: *The Language Barrier: Beasts and Men.* New York 1968
Das Drama der Meere. Frankfurt a. M. 1977. Zuerst amerik.: *The Drama of the Oceans.* New York 1975
Seafarm: The Story of Aquaculture. New York 1981

5. Bibliographien, Hilfsmittel, Forschungsberichte

5.1 Thomas Mann

Das Kino und Thomas Mann. Eine Dokumentation. Hg. von der Stiftung Deutsche Kinemathek. Berlin 1975
Hansen, Volkmar: *Thomas Mann.* Stuttgart 1984
Jonas, Klaus W.: *Die Thomas-Mann-Literatur.* Bd. I: Bibliographie der Kritik 1896–1955. Berlin 1972; Bd. II: 1956–1975. Berlin 1980; Bd. III: 1976–1994. Frankfurt a. M. 1997
Koopmann, Helmut (Hg.): *Thomas Mann. Wege der Forschung Bd. 331.* Darmstadt 1975
– (Hg.): *Thomas-Mann-Handbuch.* Stuttgart 1990. 2. Auflage. Stuttgart 1995
Kurzke, Hermann: *Thomas-Mann-Forschung 1969–1976. Ein kritischer Bericht.* Frankfurt a. M. 1977
–: *Thomas Mann. Epoche – Werk – Wirkung.* Überarbeitete 3. Auflage. München 1997
Lehnert, Herbert: *Thomas-Mann-Forschung. Ein Bericht.* Stuttgart 1969
Matter, Harry: *Die Literatur über Thomas Mann. Eine Bibliographie der Kritik 1896–1969.* 2 Bde. Berlin 1972
Potempa, Georg: *Thomas-Mann-Bibliographie. Das Werk.* Morsum/Sylt 1992
–: *Thomas-Mann-Bibliographie. Übersetzungen/Interviews.* Morsum/Sylt 1997
Schröter, Klaus (Hg.): *Thomas Mann im Urteil seiner Zeit. Dokumente 1891–1955.* Hamburg 1969
Thomas Mann Jahrbuch. Hg. von Eckhard Heftrich und Hans Wysling. 1988 ff. [mit einer periodischen Bibliographie]
Thomas Mann Studien. Hg. vom Thomas-Mann-Archiv der Eidgenössischen Technischen Hochschule in Zürich. 1971 ff.

Vaget, Hans Rudolf: *Thomas Mann. Kommentar zu sämtlichen Erzählungen.* München 1984

5.2 Heinrich Mann

Arbeitskreis Heinrich Mann. Mitteilungsblatt Nr. 1–17. Lübeck 1972–1982 – Sonderheft 1981 [mit einer periodischen Bibliographie]
Heinrich Mann-Jahrbuch. Lübeck 1983 ff. [mit einer periodischen Bibliographie]
Dittberner, Hugo: *Heinrich Mann. Eine kritische Einführung in die Forschung.* Frankfurt a. M. 1974
Eggert, Rosemarie: *Vorläufiges Findbuch der Werkmanuskripte von Heinrich Mann (1871–1950).* Berlin 1963
Haupt, Jürgen: *Heinrich Mann.* Stuttgart 1980
Weisstein, Ulrich: *Heinrich Mann. Eine historisch-kritische Einführung in sein dichterisches Werk.* Tübingen 1962
Wolff, Rudolf (Hg.): *Heinrich Mann. Werk und Wirkung.* Bonn 1984
Zenker, Edith: *Heinrich-Mann-Bibliographie. Werke.* Hg. von der Deutschen Akademie der Künste zu Berlin. Berlin 1967

5.3 Erika Mann

Lühe, Irmela von der: *Veröffentlichungen Erika Manns.* In: dies.: Erika Mann. Eine Biographie. Frankfurt a. M. 1994, S. 326–333
Murken, Barbara: *Gedanken zum Kinder- und Jugendbuchwerk von Erika Mann. Ein biographisches Puzzle.* Münster 1995

5.4 Klaus Mann

Grunewald, Michael: *Klaus Mann 1906–1949. Eine Bibliographie.* München 1984
Kroll, Fredric (Hg.): *Klaus-Mann-Schriftenreihe.* Bd. 1: Bibliographie. Wiesbaden 1976
Naumann, Uwe: *Klaus Mann.* Reinbek 1984, S. 149 ff.

5.5 Golo Mann

Koch, Jeroen: *Golo Mann und die deutsche Geschichte: Eine intellektuelle Biographie.* Paderborn – München – Wien – Zürich 1998, S. 360–390

6. Archive, Forschungs- und Gedenkstätten

Thomas-Mann-Archiv der Eidgenössischen Technischen Hochschule Zürich, Schönberggasse 15, CH-8001 Zürich. Tel 00 41 1 / 6 32 40 45, Fax: 00 41 1 / 6 32 12 54
Heinrich-und-Thomas-Mann-Zentrum, Buddenbrookhaus, Mengstr. 4, 23552 Lübeck. Tel. 04 51 / 1 22 41 92, Fax: 04 51 / 1 22 41 40
Heinrich-Mann-Archiv: Stiftung Archiv der Akademie der Künste zu Berlin, Robert-Koch-Platz 10, 10115 Berlin, Tel. 0 30 / 3 08 84, Fax: 0 30 / 30 88 41 02
Nachlaß Erika und Klaus Mann: Literaturarchiv der Monacensia, Maria-Theresia-Str. 23, 81675 München, Tel. 0 89 / 41 94 72 17, Fax: 0 89 / 4 70 96 19
Nachlaß Golo Mann. Schweizerisches Literaturarchiv, Hallwylstr. 15, CH-3003 Bern, Tel. 00 41 31 / 3 22 92 58, Fax: 00 41 31 / 3 22 84 63

Namenregister

Die kursiv gesetzten Zahlen bezeichnen die Abbildungen. Auf Einzelnachweise für Heinrich und Thomas Mann wurde verzichtet.

Adorno, Theodor W. 111, 140 ff.
Aškenazy, Ludvik 149
Auden, Wystan 105 f., *105*

Becher, Johannes Robert 112, *120*
Benn, Gottfried 86
Bermann Fischer, Gottfried 89, 91 f., 117, *90*
Bertaux, Félix 73
Bismarck, Otto Fürst von 64, 126
Borgese, Angelica 110 f., 149, *110*
Borgese, Dominica 110 f., 149, *110*
Borgese, Giuseppe Antonio 110, 148 f., *110*
Bourget, Paul 30
Boy-Ed, Ida 57
Brecht, Bertolt 66, 85, 104, 111 f.
Breloer, Heinrich 146
Bruhns, Johann Ludwig 13 f., 55
Bruhns, Julia s. u. Mann, Julia
Bruhns, Maria 13, 55
Büchner, Georg 75

Carpenter, Humphrey 106
Churchill, Sir Winston 126
Cocteau, Jean 70

Decker, Clarence und Mary Belle 123
Dietrich, Marlene (eigtl. Maria Magdalena von Losch) 99, *74*
Dohm, Ernst 36, 48 f.
Dohm, Hedwig 36

Ebermayer, Erich 66
Einstein, Albert 104, *107*
Eisner, Kurt 58 f.
Ewers, Ludwig 39, 49

Feuchtwanger, Lion 85 f., 92, 111 f.
Feuchtwanger, Marta 23
Fontane, Theodor 77
François-Poncet, André 84
Franco y Bahamonde, Francisco 104

Frank, Bruno 85, 109
Friedell, Egon 54

Ganghofer, Ludwig 43
Gaus, Günter 138
George, Stefan 83
Gide, André 70 f., 89
Giehse, Therese 72
Goebbels, Joseph 91
Goethe, Johann Wolfgang von 75, 77 f., 81, 108, 119, 132
Grautoff, Otto 39
Grosz, George 104
Gründgens, Gustaf 64 ff., 101, *65*
Guidi, Ettore 149
Gutzkow, Karl 75

Habe, Hans 142
Hahn, Kurt 67
Heine, Heinrich 135 f., 142 f.
Heine, Thomas Theodor 66
Heisenberg, Christine 149
Henning, Magnus 72
Henri IV, König von Frankreich 95 f.
Hermlin, Stephan 131
Herrmann, Eva 122
Herzog, Wilhelm 57
Hesse, Hermann 92
Himmler, Heinrich 88
Hitler, Adolf 9, 68, 71, 78 ff., 84, 86, 88 f., 95, 97 ff., 102, 106, 112 f., 119, 128 f., *81*
Hofmann, Ludwig von 62 f.
Hölderlin, Johann Christian Friedrich 77
Horaz (Quintus Horatius Flaccus) 87
Huxley, Aldous 89

Janka, Walter *120*
Jannings, Emil 70, 121, *74*
Jaspers, Karl 68
Jhering, Herbert 66
Johst, Hanns 88

Kafka, Franz 143
Kahler, Erich von 109
Kanová, Maria s. u. Mann, Maria (Mimi)
Kantorowicz, Alfred 108
Kästner, Erich 71
Kaufmann, Arthur 107

185

Keller, Gottfried 77
Kilian, Magdalena 118
Kolb, Annette 85, 92
Korb-Mann, Ludmilla 149
Korrodi, Eduard 94
Kröger, Nelly s. u. Mann, Nelly
Krüll, Marianne 45

Landshoff, Fritz H. 84, 94, 122
Lányi, Jenö 147
Lessing, Gotthold Ephraim 54
Lissener, Erich 131
Löhr, Joseph 44
Lublinski, Samuel 35
Lühe, Irmela von der 104

Mahler-Werfel, Alma 107
Mann, Anthony 110 f., 149, *110*
Mann, Carla 14, 20, 22, 42–45, 55, 118, *18*
Mann, Elisabeth (Bethsy), 11, 14
Mann, Elisabeth (Medi) 19, 36, 39, 57, 68, 79, 83, 87, 92, 94, 109 f., 143 f., 148 f., *58, 110, 129, 148*
Mann, Erika 7 f., 19, 36 ff., 41 f., 45 f., 51, 57, 64 ff., 68, 70 ff., 79, 80, 84 f., 87 f., 91–94, 96–99, 101–106, 109, 113 f., 122 f., 128 ff., 132, 139–143, 150 f., 152, *58, 65, 67, 105, 107, 120, 129, 142*
Mann, Fridolin (Frido) 110 f., 149 f., *110*
Mann, Friedrich Wilhelm Lebrecht 31 f.
Mann, Angelus Gottfried Thomas (Golo) 7, 9, 19, 34, 36, 39, 41, 57 f., 67 f., 79, 83, 85, 87 f., 92, 94, 102, 106 f., 109, 113, 124, 128, 130 ff., 134–141, 147–150, 152, *58, 138*
Mann, Gret 110, 149, *110, 129*
Mann, Jindrich 149
Mann, Joachim Siegmund 10
Mann, Johann Mourer 10
Mann, Johann Siegmund sen. 10 f., 138
Mann, Johann Siegmund jun. 11
Mann, Julia 14, 20, 22, 42–45, 55, 118, *18*
Mann, Julia (Mutter) 11 ff., 19 f., 22, 26, 33, 42–45, 55, 108, 118, 150, *12, 21*

Mann, Katia 7, 36–39, 41 f., 48 f., 57, 67 f., 80, 83, 86 f., 90, 94, 102, 108 ff., 123, 125 f., 128, 130 f., 134, 139, 144, 147, *37, 58, 110, 120, 129*
Mann, Klaus 7 ff., 19, 36, 38 f., 41, 44 ff., 51, 53, 56 ff., 64–72, 79 f., 82–85, 87 ff., 91 f., 94–104, 108 f., 113–117, 121–124, 128 f., 134, 139, 143, 146, 150, 152, *58, 65, 67, 107, 116, 121*
Mann, Klothilde 137
Mann, Leonie 56, 149, *56*
Mann, Ludvik 149 ff.
Mann, Maria (Mimi) 56, *56*
Mann, Michael 19, 36, 39, 45, 57, 68, 79, 83, 109 f., 143–146, 149 f., *58, 110, 129, 144, 147*
Mann, Monika 19, 36, 41, 57, 67 f., 79, 92, 94, 109 f., 143, 146 ff., *58, 147*
Mann, Nelly 73, 107, 111, 124 f., *125*
Mann, Raju 149
Mann, Siegmund 10
Mann, Thomas Johann Heinrich (Vater) 8, 11, 13 f., 16, 19 f., 22, 26, 32, 35, 55, 132, 137, *12*
Mann, Viktor 14, 20, 22, 42–45, 55 ff., 118, 152, *21*
Marcuse, Ludwig 85
Marraceno, Ludovico 149
Martens, Kurt 38
Marty, Elisabeth s. u. Mann, Elisabeth (Bethsy)
Masaryk, Jan 121
Maupassant, Guy de 43, 117
Mayer, Hans 131
Meyer, Agnes E., geb. Ernst 111 f.
Meyer, Eugene 112
Millöcker, Karl 22
Molo, Walter von 117
Moser, Gret s. u. Mann, Gret
Mühsam, Erich 57
Musil, Robert 29
Mussolini, Benito 76

Nickel, Christian *102*
Nietzsche, Friedrich 54, 64, 78, 80, 82 f., 117

Oppenheimer, Max 57
Oprecht, Emil 93

Pinthus, Kurt 66
Pringsheim, Alfred 36, 48 f., 84
Pringsheim, Hedwig 36, 84, *37*
Pringsheim, Katia s. u. Mann, Katia
Prokop 135

Rat (Lehrer) 48
Reinhardt, Max 99, 104
Röhm, Ernst 89
Roosevelt, Franklin Delano 126, 142
Roth, Joseph 85
Runze, Ottokar 102
Rychner, Max 117

Sarraut, Albert und Maurice 97
Schenk, Eduard von 135
Schiller, Friedrich 77, 119, 132
Schirach, Baldur von 141
Schlüter, Herbert 122
Schmied, Inés 41 f., *42*
Schnitzler, Arthur 43, 57
Schönberg, Arnold 33, 78
Schopenhauer, Arthur 33, 78
Schwarzschild, Leopold 91 f.
Seabrook, William 87
Silva, Maria Luiza da s. u. Bruhns, Maria
Stalin, Josef (eigtl. Jossif Wissarionowitsch Dschugaschwili) 126
Storm, Theodor 77
Strecker, Gabriele 131

Tacitus, Cornelius 87
Terral, Boris *102*
Tesdorpf, Krafft 19
Tiberius (Tiberius Julius Caesar; eigtl. Tiberius Claudius Nero) 87

Tillich, Paul 112
Toller, Ernst 104
Tschaikowsky, Peter I. 100
Tucholsky, Kurt 64

Ulbricht, Walter 112

Vansittart, Lord Robert Gilbert 113
Veidt, Conrad 70
Vesper, Will 89
Voltaire, (eigtl. François Marie Arouet) 54

Wagner, Richard 19, 54, 78, 80, 82 f.
Waldau, Gustav (Gustav Freiherr von Rummel) 57
Wallenstein, Albrecht Wenzel Eusebius von 135
Walter, Bruno 109, 139
Walter, Hans-Albert 143
Ward, Stanley 149
Wedekind, Frank 64, 83
Wedekind, Pamela 64 ff., 122, *65*
Wedekind, Tilly 57
Wehler, Hans-Ulrich 136
Werfel, Franz 85, 107
Whitman, Walt 62
Wilhelm II., Deutscher Kaiser, König von Preußen 64
Wolf, Hugo 117
Wysling, Hans 40

Zola, Émile 53 f.
Zuckmayer, Carl 104
Zweig, Arnold 85
Zweig, Stefan 85

Über den Autor

Hans Wißkirchen, geb. 1955 in Düsseldorf. 1975–1985 Studium der Germanistik und Philosophie in Marburg. 1985 Promotion über Thomas Manns Romane «Der Zauberberg» und «Doktor Faustus». 1986–1991 Mitarbeit an Forschungsprojekten der Universität Marburg über Georg Büchner und den deutschen Vormärz. Seit 1993 Leiter des Heinrich- und-Thomas-Mann-Zentrums im Buddenbrookhaus der Hansestadt Lübeck.
Hans Wißkirchen veröffentlichte zahlreiche Arbeiten vor allem über Heinrich und Thomas Mann. Unter anderem ist er Mitherausgeber des Katalogs «Heinrich und Thomas Mann. Ihr Leben und Werk in Text und Bild», Lübeck 1994, und Autor des Bandes «Spaziergänge durch das Lübeck von Heinrich und Thomas Mann», Zürich 1996.

Danksagung

Ich danke den Mitarbeiterinnen des Heinrich-und-Thomas-Mann-Zentrums für vielfältige Hilfe; Britta Dittmann für ihre Recherchen im Bildarchiv des Hauses und besonders Elke Steinwand für redaktionelle Hilfe und das Korrekturlesen. Elke Steinwand hat darüber hinaus auch die Chronik und den Anhang zusammengestellt.
Besonderer Dank gilt «meiner» Familie – Jutta, Christian und Hanno. Alle haben es ohne Murren hingenommen, daß für einige Zeit eine andere Familie die Hauptrolle spielte.

Quellennachweis der Abbildungen

Literaturarchiv der Monacensia, München: Umschlagvorderseite, 58, 69, 114, 116, 120, 142
Thomas-Mann-Archiv/Keystone Bildarchiv, Zürich: Umschlagrückseite unten, 6, 37, 63, 76, 90, 105, 110
Heinrich-und-Thomas-Mann-Zentrum, Buddenbrookhaus, Lübeck: Umschlagrückseite oben, 3, 12, 14, 18, 21, 32, 34, 42, 47, 85, 93, 125, 151
Gert von Bassewitz, Hamburg: 15
Museum für Kunst und Kulturgeschichte, Lübeck: 24
Aus: Heinrich Mann: Die ersten zwanzig Jahre. Fünfunddreißig Zeichnungen. Aufbau-Verlag, Berlin und Weimar 1975: 28 (© Jindrich Mann, Berlin)
Ullstein Bilderdienst, Berlin: 46, 56
Süddeutscher Verlag, Bilderdienst, München: 52, 61, 127
Sammlung Blahak, Hannover: 65
Stadtarchiv Leipzig: 67
Stiftung Deutsche Kinemathek, Berlin: 74
Aus: Ernst Christian Schütt: Chronik 1933. Tag für Tag in Wort und Bild. Harenberg Kommunikations- und Mediengesellschafts GmbH & Co KG, Dortmund 1989: 81 (© Institut für Zeitungsforschung der Stadt Dortmund)
Steffen Bock, Düsseldorf: 97
Ottokar Runze, Berlin: 102
Städtisches Museum Alte Post, Mülheim an der Ruhr: 106/107
Aus: Eric Schaal: Photograph. Weidle Verlag, Bonn 1998: 109
Schirner/DHM/Der Spiegel/XXP: 121
H. Guggenbühl, Zürich: 129
Anita Naef, München: 131
Horst Königstein, Hamburg: 138, 147
Gret Mann, Orinda, California: 144
Dan Callis, Halifax, Canada: 148
Aus: Julia Mann: Uma vida entre duas culturas, São Paulo 1997: 150

Stammbaum der Familie Mann

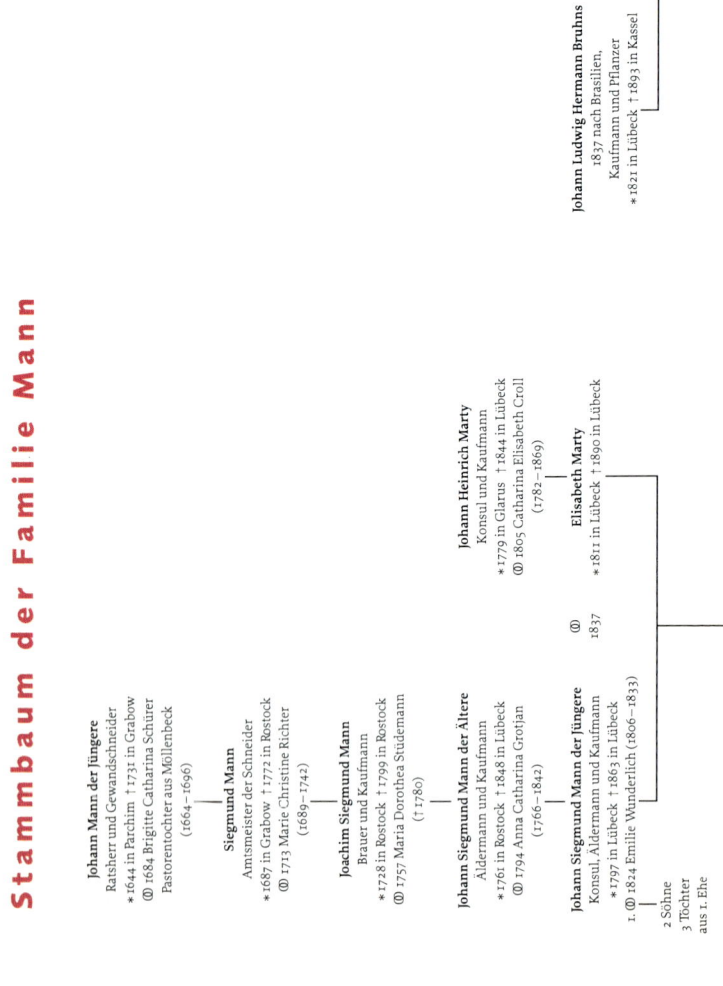

Johann Mann der Jüngere
Ratsherr und Gewandschneider
*1644 in Parchim †1731 in Grabow
⚭ 1684 Brigitte Catharina Schürer
Pastorentochter aus Möllenbeck
(1664–1696)

Siegmund Mann
Amtsmeister der Schneider
*1687 in Grabow †1772 in Rostock
⚭ 1713 Marie Christine Richter
(1689–1742)

Joachim Siegmund Mann
Brauer und Kaufmann
*1728 in Rostock †1799 in Rostock
⚭ 1757 Maria Dorothea Stüdemann
(† 1780)

Johann Siegmund Mann der Ältere
Ältermann und Kaufmann
*1761 in Rostock †1848 in Lübeck
⚭ 1794 Anna Catharina Grotjan
(1766–1842)

Johann Siegmund Mann der Jüngere   ⚭   **Elisabeth Marty**
Konsul, Ältermann und Kaufmann   1837   *1811 in Lübeck †1890 in Lübeck
*1797 in Lübeck †1863 in Lübeck
1. ⚭ 1824 Emilie Wunderlich (1806–1833)

2 Söhne
3 Töchter
aus 1. Ehe

Johann Heinrich Marty
Konsul und Kaufmann
*1779 in Glarus †1844 in Lübeck
⚭ 1805 Catharina Elisabeth Croll
(1782–1869)

Johann Ludwig Hermann Bruhns   ⚭   **Maria da Silva**
1837 nach Brasilien,   1847   *1828 in Angra dos Reis
Kaufmann und Pflanzer   †1856 in Rio de Janeiro
*1821 in Lübeck †1893 in Kassel

190

Mann Family Tree

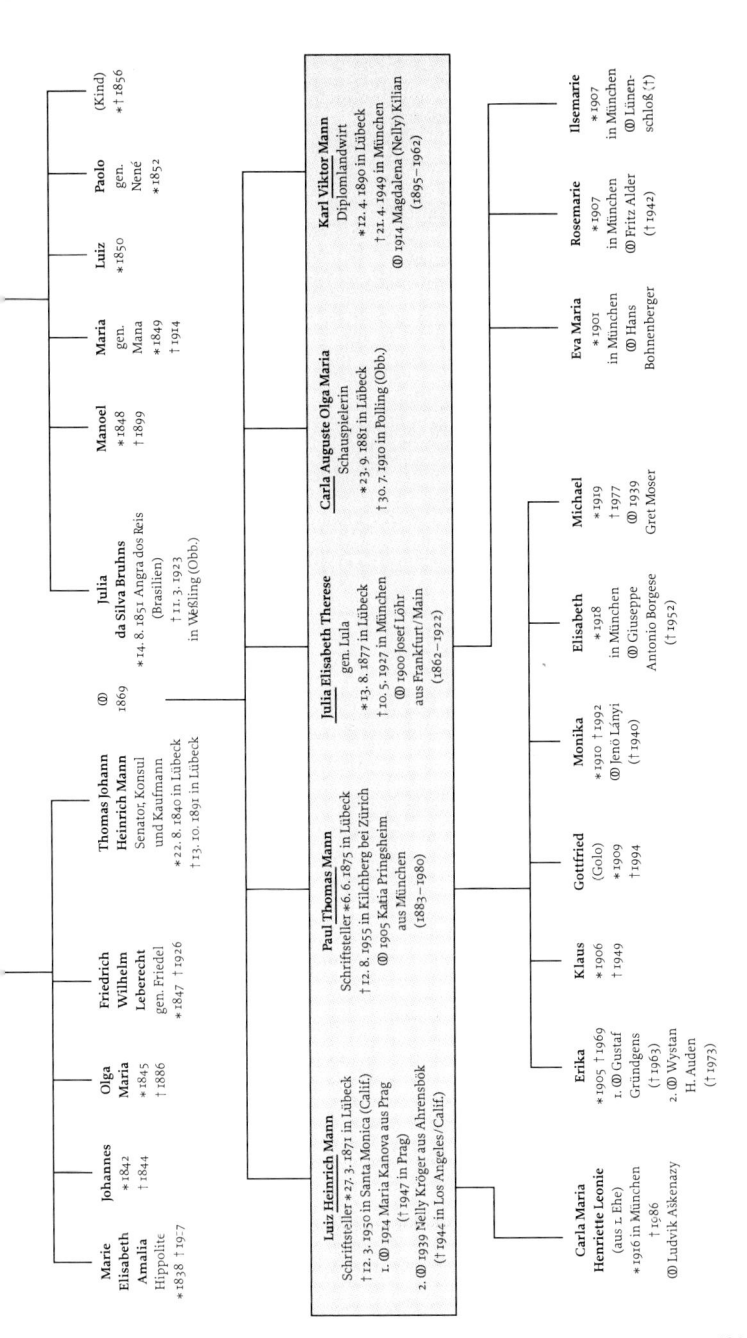

Marie Elisabeth Amalia gen. Hippolite
*1838 †1917

Johannes
*1842 †1844

Olga Maria
*1845 †1886

Friedrich Wilhelm Leberecht gen. Friedel
*1847 †1926

Thomas Johann Heinrich Mann
Senator, Konsul und Kaufmann
*22. 8. 1840 in Lübeck
†13. 10. 1891 in Lübeck

⚭ 1869

Julia da Silva Bruhns
*14. 8. 1851 Angra dos Reis (Brasilien)
†11. 3. 1923 in Weßling (Obb.)

Manoel
*1848 †1899

Maria gen. Mana
*1849 †1914

Luiz
*1850

Paolo gen. Nené
*1852

(Kind)
*†1856

Luiz Heinrich Mann
Schriftsteller *27. 3. 1871 in Lübeck
†12. 3. 1950 in Santa Monica (Calif.)
1. ⚭ 1914 Maria Kanova aus Prag († 1947 in Prag)
2. ⚭ 1939 Nelly Kröger aus Ahrensbök († 1944 in Los Angeles/Calif.)

Paul Thomas Mann
Schriftsteller *6. 6. 1875 in Lübeck
†12. 8. 1955 in Kilchberg bei Zürich
⚭ 1905 Katia Pringsheim aus München
(1883–1980)

Julia Elisabeth Therese gen. Lula
*13. 8. 1877 in Lübeck
†10. 5. 1927 in München
⚭ 1900 Josef Löhr aus Frankfurt/Main
(1862–1922)

Carla Auguste Olga Maria
Schauspielerin
*23. 9. 1881 in Lübeck
†30. 7. 1910 in Polling (Obb.)

Karl Viktor Mann
Diplomlandwirt
*12. 4. 1890 in Lübeck
†21. 4. 1949 in München
⚭ 1914 Magdalena (Nelly) Kilian
(1895–1962)

Carla Maria Henriette Leonie (aus 1. Ehe)
*1916 in München †1986
⚭ Ludvik Askenazy

Erika
*1905 †1969
1. ⚭ Gustaf Gründgens († 1963)
2. ⚭ Wystan H. Auden († 1973)

Klaus
*1906 †1949

Gottfried (Golo)
*1909 †1994

Monika
*1910 †1992
⚭ Jenö Lányi († 1940)

Elisabeth
*1918 in München
⚭ Giuseppe Antonio Borgese († 1952)

Michael
*1919 †1977
⚭ 1939 Gret Moser

Eva Maria
*1901 in München
⚭ Hans Bohnenberger

Rosemarie
*1907 in München
⚭ Fritz Alder († 1942)

Ilsemarie
*1907 in München
⚭ Lünenschloß (†)

Familie Mann

Die Familie Mann
Ein Lesebuch mit Bildern
(rororo 23197)

Monika Mann
Vergangenes und Gegenwärtiges
Erinnerungen
Mit einem Nachwort von
Inge Jens
(rororo 23087)
Die Wiederentdeckung eines
Familienporträts: Monika
Mann, die zweitälteste
Tochter von Thomas Mann,
schildert Kindheits- und
Exilerfahrungen.

Thomas Mann
Dargestellt von
Klaus Schröter
(monographie 50093)

Heinrich Mann
Dargestellt von
Klaus Schröter
(monographie 50125)

Klaus Mann
Dargestellt von
Uwe Naumann
(monographie 50332)

Klaus Mann
Der Wendepunkt
Ein Lebensbericht
Mit einem Nachwort von
Frido Mann
(rororo 15325)

Uwe Naumann (Hg.)
«Ruhe gibt es nicht, bis zum Schluß»
Klaus Mann (1906-1949)
Bilder und Dokumente
(rororo 23106)
Der opulente Bildband zum
Leben Klaus Manns, das in
vieler Hinsicht ein Gegenentwurf zur Existenz seines
berühmten Vaters war.

rororo Literatur

Andrea Weiss
Flucht ins Leben *Die Erika und Klaus Mann-Story*
(rororo 22671)

Erika Mann
Mein Vater, der Zauberer
Herausgegeben von
Irmela von der Lühe und
Uwe Naumann
(rororo 22282)

Erika und Klaus Mann
Rundherum
Abenteuer einer Weltreise
Mit Originalfotos und einem
Nachwort von Uwe
Naumann
(rororo 13931)

Erika Mann
Blitze überm Ozean *Aufsätze, Reden, Reportagen*
Herausgegeben von
Irmela von der Lühe und
Uwe Naumann
(rororo 23107)
«Es sind ihr Klassiker
der Reportage gelungen,
unvergängliche Zeugnisse ...
Ein wichtiges, sorgfältig
ediertes und klug kommentiertes Buch.»
Frankfurter Rundschau